디지털 마케터로 일하고 있습니다

디지털 마케터로 일하고 있습니다

디지털 마케터로 마케터로 일하고 있습니다

레드펭귄 지음

천그루숲

머 리 말

황제펭귄은 현존하는 펭귄 중 가장 크고 아름답습니다. 남극 대륙 극한의 추위 속 얼음 위에서 번식과 양육을 하는 유일한 동물이기도 합니다. 매서운 찬바람을 견디기 위해 다리 사이에 알을 품고 수백 수천 마리가 서로 몸을 밀착하고 허들Huddle을 하면서 집단의 체온을 유지하는 모습은 안쓰럽고 대견합니다. 두 달이 넘는 시간을 견디고 새끼 펭귄이 알에서 깨고 나오면 수컷 펭귄은 수심 몇백 미터가 넘는 깊은 바다로 들어가 먹이를 비축해 돌아와 수천 마리의 무리 속에서 새끼를 찾습니다.

남극의 찬바람과 새하얀 얼음과 황제펭귄의 부정이 어우러진 이 순간이 너무나 아름다웠습니다. 하지만 이 아름다운 순간에 저는 영뚱하게도 우리와 우리의 브랜드, 그리고 우리 회사가 떠올랐습니다.

내가, 나의 브랜드가, 나의 회사가 수많은 황제펭귄들 속에서 단연 돋보이는 레드펭귄이었으면 ….

이 책에서 우리는 디지털이라는 바닷속, 수많은 기업과 브랜드가 넘쳐나는 곳에서 우리와 우리 브랜드가 가진 우리만의 컬러를 찾아가는 디지털 마케터들의 하루를 보여주고자 합니다. 또 에이전시와 인하우스에서 일하는 마케터들의 다양한 이야기를 통해 디지털 마케팅의 본질과 브랜드 경험의 중요성을 이야기하고자 합니다.

Part 1에서는 디지털 마케터들의 이야기를 담고 있습니다. 에이전시와 인하우스에 일하는 마케터들이 치열하게 고민하고 있는 퍼포먼스 마케팅과 콘텐츠 마케팅에 대한 이야기를 들어봤습니다. 또 성장하는 마케터가 되기 위해서는 무엇이 필요한지, 미래의 마케터는 어떤 모습이어야 하는지를 현업의 마케터들에게 물어봤습니다.

Part 2에서는 지금 우리에게 가장 핫한 소비자인 MZ세대를 이야기합니다. MZ세대의 자기다움에 대해 알아보고, 그들의 마음을 읽고 그들의 언어로 대화해야 하는 마케터들의 현실을 들어봤습니다. 그리고 MZ세대를 공략하기 위해서는 결국 제품력과 차별화가 중요하다는 것을 이야기합니다.

Part 3에서는 세일즈와 브랜드 사이에서 항상 깊은 고민을 해야 하는 디지털 마케터들의 이야기를 들었습니다. 그리고 당장의 매출보다 고객에게 브랜드 경험을 선물하는 것이 왜 중요한지, 새로운 시대의 디지털 마케팅에는 무엇이 요구되는지 함께 고민해 봤습니다.

저희는 마케팅의 미래를 고민하고 그에 필요한 역량을 준비하는 이들에게 이론에 얽매이지 않는 생생한 현장의 목소리를 통해 디지털 마케팅의 방향을 제시하고 싶었습니다. '디지털 마케팅이란 이런 것이다'라고 정의를 내리는 것이 아니라 현장에서 일하고 있는 디지털 마케터의 일상을 자연스럽게 보여주려고 했습니다. 같은 일을 하고 있지만, 각각 위치한 현장에서의 공통점과 차이점을 보여줌으로써 서로를 이해하고, 또 함께 발전할 수 있는 계기가 되었으면 합니다.

끝으로 현업에서 충분히 바쁘고 여유가 없음에도 몇 날 며칠의 긴 시간 동안 인터뷰에 응해주신 마케터 분들께 진심으로 감사드리며, 바쁜 와중에도 이 책을 기획하고 함께 모여 집필한 우리 골드넥스의 임직원 여러분들에게도 진심으로 고마운 마음을 전합니다.

㈜골드넥스 대표 김성모

차
례

PART 1 ──────────────────────────────────────

디지털 마케터, 그들은 누구인가?

1장   디지털 마케터의 등장

PART 2

디지털 마케터, MZ세대를 만나다

PART 3 ───

디지털 마케터, 세일즈를 넘어 브랜딩으로!

우리는 디지털 마케터입니다

우리는 디지털 마케팅 회사 '골드넥스'에서 일한 지 5년 차 되는 마케터들이다. 그동안 회사는 성장을 거듭했고, 업무범위도 빠르게 확장되었다. 소셜미디어 운영은 기본이고, 캠페인 기획과 브랜드 전략 수립, CF 촬영과 각종 오프라인 행사 진행까지…. 할 수 있는 영역들이 점점 더 다양해졌다.

"우리에게 일을 맡긴 브랜드를 위해서는 뭐든 할 수 있어야 한다."

업무영역이 점점 넓어질수록 우리 스스로에게 하는 말이다. 우리가 좋아하는 일만 해서는 결코 성장할 수 없기 때문이다. 같은 연차를 근무했더라도 담당하는 브랜드의 요구와 역할에 따라 역량의 차이는 발생하게 된다. 그래서 우리는 각 개개인의 역량 차이를 일을 대하는 '열린 태도'로 풀고 있다.

열린 태도를 가지기 위해서는 원활한 커뮤니케이션과 함께 속도도 중요하다. 우리는 클라이언트를 상대하건, 내부적인 소통을 하건 언제나 빠르게 답을 한다. 이러한 커뮤니케이션에 대한 노력은 고스란히 신뢰로 이어졌다. 서로에게 무리한 요구를 하지 않고도 빠르게 일처리가 가능하다 보니 클라이언트는 안정감을 얻는다. 이것이 우리가 가진 가장 큰 경쟁력 중 하나다.

또 하나는 창의적으로 일하는 것이다. 우리는 어떤 일을 하건 브랜드와 소비자에 대한 이해를 가장 큰 전제로 삼는다. 한국후지필름과 함께 일을 할 때였다. 우리는 그들에게 '인스탁스'란 브랜드를 '카메라'로 접근해서는 안 된다고 말했다. 주요 타깃인 10~20대 여성들에게 카메라는 더 이상 사진을 찍는 도구가 아니라 재미있는 놀이기구이자 장난감 중 하나다. 따라서 콘텐츠 역시 이런 장난감을 활용해 잘 놀 수 있는 방법을 제안했다. 이 전략은 잘 맞아떨어졌고 수년 동안 마케팅 대행사로 업무를 함께하고 있다.

우리의 '일'은 이처럼 디지털을 통해 소비자의 반응을 이끌어 내는 것이다. 그리고 그 핵심에는 '공감'이 있으며, 공감을 불러일으킨 '콘텐츠'는 몇 천 건의 공유와 수천 명의 새로운 고객을 만들어 냈다.

하지만 시대가 변하고 있다. 이제 클라이언트들은 단순히 '좋은 콘텐츠를 만들어 달라'고 이야기하지 않는다. '매출을 만들어 달라'고 말한다. 이제 우리도 콘텐츠를 통해 매출을 만들어 내는 프로세스를 만들어야 했다. 각각의 기업과 브랜드에 최적화된 마케팅 방법을 그때그때 찾아야 했다. 이러한 마케팅에 대한 우리의 열정은 소비자와 브랜드에 대한 이해로 이어졌다. 제품과 서비스를 소비자가 이용하는 이유는 그들의 문제를 해결해 주고 가치를 제시해 주기 때문이다. 브랜드가 가진 '핵심가치'를 그 브랜드답게 전달하는 것, 이것이 우리가 언제 어디서건 브랜드를 맡게 되었을 때마다 줄기차게 해온 고민이다.

사실상 마케팅과 브랜드는 같은 말이다. 마케팅이 가능한 이유는 브랜드가 있기 때문이고, 모든 브랜드에는 각각의 만들어진 이유가 있다. 그것이 브랜드의 '핵심가치'인 셈이다. 사람들의 필요, 소비자들의 욕망, 고객들의 문제를 해결하는 과정이 마케팅이고 브랜딩이다. 단순히 바이럴에 그치는 것이 아니라 팔리는 콘텐츠를 기획하려면 제대로 된 마케팅과 브랜딩에 대한 이해가 따라야 한다. 그래야만 세일즈업과 브랜딩 사이에서의 줄타기에서 살아남을 수 있다.

이 책은 바로 이러한 고민 속에서 현업에서 일하고 있는 10여 명의 디지털 마케팅 실무자들을 만나 이야기하고 토론한 내용을 담은 것이다. 이론에 얽매이지 않고 시장의 생생한 목소리를 전하고 싶었다. 디지털 마케팅의 미래를 고민하고 그에 필요한 역량을 준비하는 이들에게 하나의 방향을 제시하고자 했다. 마케팅과 브랜딩의 필요성과 중요성에 대해 균형있게 이야기하고 싶었다. 특히 우리는 하나의 정답만을 찾으려고 하지 않았다. 그런 답이 있다면 거짓말이다. 모든 회사와 모든 브랜드는 각각 저마다 다른 환경과 시장에서 경쟁하고 있다. 그렇기에 우리는 오직 현장의 실무자들만이 그 답을 찾을 수 있다고 믿었다.

우리는 이 책이 이 땅의 수많은 디지털 마케터들에게 신선한 자극과 용기를 주기를 원한다. 그동안의 수많은 고민이 혼자만의 것이 아니라는 사실을 통해 위안과 용기를 얻기 바라면서 이 책을 준비했다. 그 고민의 흔적이 얼굴은 모르지만 현장에서 묵묵히 일하고 있는 수많은 마케터들의 마음에 닿기를 바랄 뿐이다.

세상은 달라졌고, 달라진 세상은 디지털 마케팅을 더더욱 필요로 할 것이다. 그 필요에 화답하는 것이 우리 마케터들의 숙명이다. 이 뜻 깊은 여정을 함께할 수 있어 더없이 기쁘다는 말을 꼭 하고 싶다. 그것이 이 무모하고도 어려운 책 쓰기에 도전한 유일한 이유이다. 이 책을 통해 우리 모두 함께 성장할 수 있기를 진심으로 바란다.

레드펭귄

PART 1

디지털 마케터,
그들은 누구인가?

1장

디지털 마케터의 등장

1 글로시에 성공의 비밀, '개인의 힘'

사업가가 된 뷰티 블로거

패션 잡지 〈보그VOGUE〉에서 스타일링 어시스턴트로 일하던 평범한 직장인이 있었다. 그녀의 이름은 에밀리 와이즈. 직업상 수많은 셀럽을 만나던 그녀는 한 가지 재미있는 사실을 발견한다. 명품 옷이나 액세서리와는 다르게 화장품만큼은 패션모델과 평범한 사람들이 쓰는 제품이 동일한 경우가 많다는 점이다. 그녀는 여기서 영감을 얻어 화장품 그 자체가 아닌, 화장품을 쓰는 사람들에게 초점을 맞춰 '인투 더 글로스Into the Gloss'라는 뷰티 블로그를 개설했다. 2010년 가을의 일이었다.

그녀는 이 블로그에 자신만의 콘텐츠를 하나씩 업로드했다. 그중 가장 인기가 많은 아티클은 '더 탑 쉘프The Top Shelf'라는 코너로, 킴 카다 시안Kim Kardashian, 바비 브라운Bobbi Brown, 칼리 클로스Karlie Kloss 같은 유명 인사들과 인터뷰를 하고 그들의 욕실 사진을 블로그에 올렸다. 자신 과 똑같이 여드름으로 고생하는 슈퍼모델들의 이야기는 많은 사람들 의 공감을 불러일으켰다. 그 외에도 일반 소비자들이 욕실 선반에 놓 고 매일 쓰는 화장품 사진들을 소개하며, 그들의 화장품 사용법과 피 부 고민에 대한 솔직한 인터뷰를 이어나갔다. 반응은 폭발적이었다. 구독자 수는 순식간에 늘어 월 방문자 수가 100만 명을 돌파했다. 블 로그 시작 4년 만인 2014년, 그녀는 드디어 뷰티 브랜드 '글로시에'를 론칭했다.

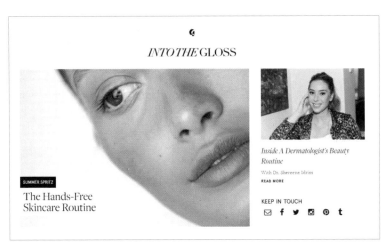

에밀리 와이즈가 개설한 Into the Gloss 블로그

"사람들은 소셜미디어를 통해 '쇼핑'을 하고, 전자상거래를 통해 '구매'를 해요. 누구의 스토리가 믿음이 가는지에 따라 어떤 제품을 선택할지가 달라지죠. 패션 잡지의 마스카라 제품 리뷰 기사를 참고할지, 관련 기사의 댓글을 참고할지, 그도 아니면 파워 블로거의 글을 참고할지 고민하는 거죠. 뷰티 관련 쇼핑은 기능이나 가격과 같은 정량적 지표만으로는 선택이 어려운 영역이에요. 사용자를 전면으로 데리고 와야 합니다. 제품에만 주력할 것이 아니라 사용자의 스토리에 주목해야 하죠."

에밀리 와이즈는 뷰티 제품을 단지 상품으로만 바라보는 것이 아니라 인간의 감정이 개입되는 복잡한 소비행위로 보았다. 그녀는 스킨케어 제품 4가지로 사업을 시작하며, 메인 타깃인 밀레니얼 세대들이 쉽게 구입할 수 있는 수준으로 가격을 책정했다. 샤넬 No 5가 120달러를 주어야 살 수 있는 반면, 글로시에의 코코넛 밤은 22달러로 가격을 통일하는 식이었다. 그리고 이 가격을 유지하기 위해 온라인 판매에 주력했고, 마케팅 역시 스냅챗과 인스타그램 등 소셜미디어에 집중했다. 그 결과 2016년의 매출은 전년 대비 600% 이상의 성장을 이뤘고, 브랜드가 운영하는 쇼룸의 단위면적당 매출은 애플스토어의 평균을 넘어섰다. 2015년 쓰라이브캐피털에서 800만 달러 규모의 투자를 받은데 이어, 2018년에는 5,200만 달러 규모의 투자를 받았다.

글로시에 성공의 비밀, 개인의 힘

밀레니얼 세대의 에스티 로더로 불리는 '글로시에', 이 브랜드 성공의 가장 큰 비결은 어디에서 찾을 수 있을까? 에밀리 와이즈는 이 놀라운 성장의 비밀을 '개인의 힘power of the individual'으로 설명한다. 평범한 소비자의 스토리가 가진 힘과 영향력에 주목한 것이다.

그녀는 그저 수동적으로 듣고 반응하는 위치에 있던 소비자들을 말하는 위치로 끌어올렸다. 글로시에의 사이트는 가장 많은 추천을 받은 후기와 불만족 후기를 나란히 띄우는 등 소비자들의 후기를 자사의 제품을 돋보이기 위한 도구로 쓰지 않았다. 대등한 위치에서 제품을 평가할 수 있도록 설계한 것이다. 또 슬랙Slack이라는 업무 공유 채널에 상위 1,000명의 사용자를 초대해 자유롭게 이야기하게 했다. 여

글로시에 제품에 대해 긍정, 부정 평가를 가감 없이 볼 수 있다

기에서는 주당 1만 건 이상의 메시지가 오고 갔고, 그 결과 '프라이밍 모이스처라이저 리치 크림'이라는 히트상품이 탄생했다. 그리고 평범한 소비자인 자신들의 의견이 제품으로 탈바꿈하는 과정을 본 소비자들은 이 브랜드에 더욱 특별한 애착을 가지게 되었다. 에밀리 와이즈가 말한 개인의 힘이 이런 방식으로 실현된 것이다.

2 똑똑해진 소비자와 디지털 마케터의 등장

한때 만들면 팔리던make and sell 시대가 있었다. 당시에는 제대로 된 TV 광고 하나만 잘 만들어도 히트상품의 탄생이 가능했다. 융단폭격처럼 TV와 라디오, 잡지를 통해 광고하면 무엇이든 팔 수 있는 시대였다. 하지만 지금은 다르다. 바야흐로 개인의 시대. 똑똑해진 소비자들은 인터넷을 포함한 다양한 경로로 제품의 정보를 습득했고, 소셜미디어의 등장은 똑똑해진 소비자들에게 최적화된 광고를 집행할 수 있게 했다. 제품과 서비스의 흥망성쇠를 결정하는 주체가 기업에서 소비자로 급격히 이동했다. 시장 권력의 주체가 바뀐 것이다.

글로시에의 성공은 바로 이러한 변화를 발 빠르게 이해한 창업자의 혜안 때문에 가능한 일이었다. 하지만 이러한 시장의 변화를 마주하는 마케터들의 심정은 복잡다단했다. 과거의 방식으로 광고를 만들고 집행하던 사람들은 한동안 집단 멘붕에 빠져 헤어나오지 못하고 있었다. 그리고 이때 그들과 다르게 성장을 거듭하는 직종이 있었다. 바로 디지털 마케터들이다.

디지털 마케터의 등장

배너 광고와 키워드 광고의 시대를 지나 이제 다양한 소셜 채널을 통한 광고는 필수가 되었고, 영향력도 막대해졌다. 이러한 변화 속에서 디지털 마케터들의 실질적인 역할은 무엇인지 궁금해졌다.

'디지털 마케팅이란 무엇인가?'

'디지털 마케터들은 무슨 일을 하는가?'

'디지털 마케팅을 집행하는 데 있어 가장 중요한 점은 무엇인가?'

이런 질문들을 가지고 다양한 마케터들을 만났다. 그들 중에는 에이전시에서 일하는 마케터도 있었고, 인하우스 마케터도 있었다. 프리랜서도 있었고, 대기업의 마케터도 있었다. 그들에게 우리가 던진 질문의 요지는 다음과 같은 한 문장으로 요약할 수 있었다.

'변화의 시대, 디지털 마케터는 무엇을 준비해야 하는가?'

'글로시에'의 성공은 이러한 질문에 대한 하나의 단서가 되어 주었다. 밀레니얼 세대라는 새로운 소비자의 등장을 이해하고, 그들에게 맞는 제품과 서비스를 제공하는 것, 그들에게 어울리는 방식으로 소통하는 것…. 앞으로 펼쳐질 이야기는 모두 이러한 주제에 관한 것들이다.

3 퍼포먼스와
콘텐츠의 사이에서

퍼포먼스 마케터 vs 콘텐츠 마케터

실무적 관점에서 디지털 마케터는 크게 두 가지로 나눌 수 있다. 하나는 '퍼포먼스 마케터'로, 최근에는 '그로스 해커'라고 불리기도 한다. 이들은 다양한 경로로 노출한 콘텐츠 및 광고를 통해 웹사이트로 유입된 고객들의 매출 전환과정을 체크하고, 이를 개선하는 일을 한다. 고객이 제품과 서비스에 대한 광고를 어디서 어떻게 발견하고 얼마나 관심을 보이는지, 이들 중 실제로 우리가 목표로 한 행동을 하는 고객은 얼마나 되는지를 추적하는 것이다. 고객의 움직임을 추적하고 분석하여 인사이트를 찾아내는 것이 이들의 주 업무이다.

다른 한쪽에는 '콘텐츠 마케터'들이 책상을 마주하고 있다. 이들은 소비자들을 좀 더 후킹할 수 있는 이미지나 영상을 제작하고, 각각의 SNS 채널 특성에 맞는 카피를 뽑아내는 능력이 요구된다. 블로그의 포스팅 글이나 페이스북에서 자주 보는 카드뉴스를 제작하는 것 역시 콘텐츠 마케터들의 몫이다. 콘텐츠의 핵심은 스토리이고, 스토리텔링의 기본은 상상력과 창의력이다. 그러다 보니 다양한 형태의 콘텐츠를 즐기고 습득하는 자세가 필요하다. 어떤 플랫폼에서 어떤 형태의 콘텐츠가 효과가 좋은지, SNS 채널별로 어떤 문구와 이미지가 유행하는지 트렌드를 항상 파악해야 한다.

퍼포먼스 마케터의 하루

우선 퍼포먼스 마케터의 하루를 살펴보기로 했다. 이들의 업무는 콘텐츠 마케터와 크게 다르다. 와이즐리에서 일하는 마케터는 이를 세 가지 영역 정도로 구분했다. 액퀴지션Acquisition과 리텐션Retention, 브랜딩Branding 영역이 그것이다. 그 중 액퀴지션 영역은 문자 그대로 다양한 채널을 통해 신규고객을 획득하는 일을 말한다. 이 영역은 적은 비용으로 얼마나 더 많은 고객들을 획득할 수 있느냐가 가장 큰 목표다. 이 과정의 효율성을 연구하는 것이다.

"액퀴지션 업무는 다시 크게 세 가지 영역으로 나뉘어요. 첫째는 데이터를 어떻게 쌓을 것인가요. 두 번째는 그 데이터로 어떤 의사결정을 할 것인가, 마지막으로 어떤 구조로 어떻게 비용을 소모시킬까 고민합니다. 디지털 커머스의 영역은 1분 1초 단위로 데이터를 봐야 해요. 6시의 매출과 7시의 매출이 많이 다르거든요. 이렇게 시간 단위의 의사결정을 하기 위해서는 평소에 트렌드를 관심있게 살펴보는 훈련을 해야 비용을 절약할 수 있어요."

그에게 이제 막 디지털 마케팅을 실시하는 회사들에게 해줄 수 있는 조언을 부탁했다. 그는 잘 모르는 상태에서는 일단 전문대행사나 에이전시를 활용하라고 추천했다. 수수료가 생각보다 높지 않은데다 그들과 함께 일하다 보면 빠르고 자연스럽게 퍼포먼스 마케팅을 배울 수 있을 거라고 조언했다. 하지만 이때 중요한 것은 일을 의뢰하기 전에 고객에게 전달하고자 하는 핵심가치를 정교하게 세팅하는 거라고 했다. 그는 이것을 'North Star Metric', 즉 북극성 지표라고 말했다.

"저희에겐 '고객획득 비용이 얼마다'라는 기준이 있어요. 이 금액을 산정하기 위해선 고객이 실제로 우리에게 평생 동안 지불할 비용이 얼마인지를 산정해야 하죠. 이걸 LTVlifetime value라고 불러요. 예를 들어 이 금액의 1/3 정도가 광고비로 적당하다고 한다면 그 비용을 효율지표로 삼는 거죠. 이 지표에 따라 예상 가이드를 만들고 이에 맞춰 비용을 운영해 달라고 의뢰를 하는 겁니다. 이처럼 상위지표를 먼저 세팅하고 전문가를 찾는 게 가장 베스트라고 생각해요."

콘텐츠 마케터의 하루

우리는 콘텐츠 마케팅에 대한 이야기를 듣기 위해 현대자동차의 마케터를 만났다. 2016년부터 근무해 온 그는 입사 초기만 해도 회사 마케팅 채널 중에서 디지털 마케팅의 비중이 가장 낮았다고 했다. 하지만 광고환경이 점차 디지털로 옮겨오면서 지금은 TV CF를 만들 때도 디지털 광고를 고려하는 상황이 되었다. 때로는 디지털 채널을 위한 광고를 먼저 만들고, 이를 재편집하여 TV CF로 활용하는 경우도 있을 정도라고 했다. 이처럼 이제는 디지털 마케팅의 중요성을 회사 내부에서도 챙기고 있고, 이러한 급격한 변화가 시작된 건 대략 2018년부터라고 했다. 우리는 일단 그가 하는 일부터 물어봤다.

"네이버 포스트, 네이버TV, 인스타그램을 운영하고 있습니다. 채널마다 조금씩 다르기는 하지만 거의 매일 콘텐츠를 발행해요. 출근 후 실시간으로 반응을 확인하고 중요한 지표를 챙겨보곤 하죠. 오후에는 다음 날 발행할 콘텐츠를 준비합니다. 저는 이때 에이전시에서 보내온 콘텐츠에 대한 의견을 많이 듣는 편이에요. 또 최근에는 회사 내부에서도 각각의 SNS 채널에 대한 홍보 요청이 자주 있는데, 이때는 워킹그룹의 소규모 파트 안에서 텍스트나 이미지 등 어떤 식으로 풀어갈지 함께 논의를 하곤 하죠."

이렇게 그의 하루 업무는 오전 기획, 오후 발행으로 이어진다. 주

단위로 진행할 때도 있지만 대부분의 콘텐츠는 월 단위로 세팅된다. 매달 많게는 20건, 적어도 10건 정도의 콘텐츠를 발행한다. 각각의 콘텐츠는 당연히 검수과정을 거친다. 그중에서도 젊은 층의 관심이 많은 차종인 코나와 팰리세이드 등에 관한 이슈 점검이 우선이라고 했다. 그는 자신이 운영하는 각각의 채널은 각기 다른 마케팅 에이전시에 일을 의뢰한다고 했다. 이는 서로 다른 채널의 개성을 살리기 위해서였다.

> "네이버 포스트의 독자들은 정보를 원해요. 몰랐던 것을 알고 싶어 하는 니즈가 크죠. 그래서 '여러분들, 이건 모르셨죠?'와 같은 콘텐츠를 주로 만듭니다. 하나의 기능을 일상에서 어떻게 쓸 수 있을지를 주제로 잡고 콘텐츠에 녹여내죠. 예를 들면 '주차를 위한 자동차의 첨단 기술들' '일상에서 필요한 기술 베스트 10'과 같은 내용들이에요. 반면 인스타그램은 아예 성격이 달라요. 콘텐츠의 느낌에 주목합니다. 일상의 정보가 100이라면 자동차 정보는 10 정도의 비율이죠. '오토캠핑 핫 플레이스' '혼자서 즐기는 나만의 영화관' 같은 콘텐츠가 그 예라고 할 수 있겠네요."

차에 대한 정보를 플랫폼의 성격에 맞춰 제작하는 현대자동차

결국 콘텐츠의 차이는 채널 그 자체가 아닌 타깃에 대한 이해에서 시작됨을 알 수 있었다. 네이버 포스트를 찾는 유저들은 주로 30~40대로, 기술에 대한 이해도가 매우 높다. 그래서 현대자동차의 마케터는 자동차 덕후들이 서로 토론할 수 있도록 돕는 역할도 고민하고 있었다. 반면 인스타그램의 주요 이용층은 대략 18~34세 정도로, 여성이나 차를 잘 모르는 유저들이 대부분이다. 그래서 인스타그램에서는 자동차를 메인으로 하기보다는 일상의 소재로 접근하고 있었다. 10~20대 고객들은 지금 당장의 자동차 구매층은 아니지만 사실상 미래의 고객이다. 당장 구매가 일어나지 않더라도 현대자동차에 대한 긍정적인 이미지를 심는 작업도 무시할 수 없다. 그는 디지털 마케터로서의 가장 큰 고민 중 하나가 바로 이러한 부분이라고 강조했다.

모든 기업에 필수가 된 디지털 마케팅

그렇다면 대기업이 아닌 중소기업의 경우는 어떨까? 우리는 골프용품 브랜드 캘러웨이의 마케터를 만났다. 골프 산업은 타 산업군에 비해 상대적으로 연령대가 높은 편이다. 타깃 연령대가 최소 40대부터 60대 이상에 이른다. 따라서 디지털과는 거리가 있을 수밖에 없다. 하지만 스크린 골프가 활성화되는 등 변화의 바람도 만만치 않다. 여러 가지로 열악할 수밖에 없는 상황에서 어떤 방식으로 디지털 마케팅이 실행되고 있는지가 우선 궁금했다.

"주로 소셜미디어를 통한 바이럴 콘텐츠를 기획하고 광고를 집행하는 일을 하죠. 캘러웨이 브랜드의 웹사이트를 관리하고 오프라인 프로모션도 진행하고 있고요. 종종 드라마 협찬에 관여하기도 합니다. 사실 골프 업종은 디지털화 속도가 다른 산업군에 비해 많이 느린 편이에요. 그래서 디지털 업무만 맡고 있지는 않아요. 현재 회사 내에 브랜드가 3개이고, 앞으로도 2개가 더 늘어날 예정인데, 모든 브랜드를 다 맡아 진행하면서도 아직은 부담이 되지는 않아요. 하지만 올해부터 본격적으로 e-커머스 사업이 전개되면서 디지털 마케팅 부서는 점차 인원이 늘어날 예정입니다."

그는 혼자서 페이스북과 유튜브, 블로그, 인스타그램, 트위터를 관리하고 있다고 했다. 대기업과 중소기업의 현실적인 차이가 드러나는 부분이었다. 물론 그도 운영이나 포스팅을 어떻게 집행할지에 대해서는 전문가의 도움을 받는다. 하지만 어떤 콘텐츠가 어디서 어떻게 폭

골프용품 브랜드 캘러웨이의 인스타그램

발할지를 아는 것은 여전히 요원하다고 했다. 그래서 여러 개의 채널을 동시에 운영하는 중이다. 설사 비슷한 내용이라도 여러 개의 채널을 활용하는 이유는 언제 어디서 어떤 결과가 나타날지 예측할 수 없기 때문이다.

이렇듯 기업의 업종과 규모에 따라 디지털 마케팅의 업무방식이 조금씩 달라진다는 사실을 확인할 수 있었다. 이에 대해 골드넥스의 마케터는 선택과 집중이 필요하다고 강조한다. 작은 기업일수록 회사 내의 리소스가 제한적일 수밖에 없기 때문에 나중에는 여러 채널을 동시에 활용하더라도 처음에는 회사의 업종과 상황에 맞는 채널을 선택해 집중하는 편이 효율적이라고 말하고 있었다.

"중소기업의 경우 적은 비용으로 많은 채널을 운영해야 하는데, 이럴 경우에는 특히 선택과 집중이 필요합니다. 보통 기업들은 다수의 채널을 모두 운영하기를 원하는데, 그렇게 되면 각 채널마다의 리소스가 분산되기 때문에 콘텐츠의 질이나 광고 성과가 떨어지게 됩니다. 이럴 때는 우리의 메인 타깃이 어느 채널에 많이 머무르는지, 어떤 채널을 선호하고 반응하는지를 먼저 파악해야 합니다. 그렇게 한 채널에 대한 분석과 운영에 집중한 후 어느 정도 익숙해지면 다른 채널에 대한 테스트를 시도해 보며 예산을 늘려가는 방식으로 진행하는 것을 추천합니다."

4 에이전시 마케터 vs 인하우스 마케터

그렇다면 인하우스와 함께 일하는 에이전시의 경우는 어떨까? 에이전시 마케터들의 하루는 와이즐리, 현대자동차나 캘러웨이 등의 인하우스 마케터들과 무엇이 어떻게 다를까?

에이전시 마케터 역시 인하우스 마케터들과 하는 일에서는 큰 차이가 없다. 아이디어를 서칭하고 콘텐츠를 제작한다. 필요한 경우 디자인 팀에 디자인을 요청하고 촬영 작업을 하기도 한다. 하지만 일의 내용보다 더 중요한 것은 업무환경이었다. 두 곳을 모두 경험한 골드넥스의 마케터에게 그 차이를 물어보았다.

"에이전시의 경우에는 융통성 발휘에 제약이 있게 마련이죠. 아무래도 수동적으로 일하게 됩니다. 광고주 성향에 영향을 많이 받을 수밖에 없으니까요. 반면 인하우스 마케터의 경우 스케줄 조정이나 업무 관리를 주도적으로 하는 게 가능합니다. 대신 주니어의 경우 실무를 배우는 것이 어렵습니다. 그리고 아직도 대부분의 회사에는 디지털 마케팅만을 전담하는 담당자가 별로 없어요. 또 업무 범위는 넓은 대신 예산은 상대적으로 작은 편이죠. 그럼에도 아직은 인하우스 마케터를 선호하는 경우가 많은 것 같아요."

그가 다른 에이전시에서 일할 때였다. 레고회사의 광고를 대행했는데, 그때는 하루 종일 레고만 조립했다고 했다. 디오라마와 타임랩스를 찍고, 레고를 조립하는 과정도 직접 촬영했다. 레고를 안고 청계천에 가서 '히어로 팩토리'라는 로봇을 만들어 시리즈 웹툰을 제작하기도 했다. 그래서 당시 그의 별명은 레고 박사였다. 큰 레고의 경우는 조립에 2, 3일씩 걸리곤 해서 야근도 많았다. 특히 촬영용 레고는 한 번 틀리면 처음부터 다시 조립해야 했다. 나라별로 각각 다른 레고 타워를 쌓기도 했다. 높이를 갱신해 기네스에 등록하기 위해서였다. 이처럼 광고주의 의뢰를 받고 진행하다 보니 마케터가 선호하지 않는 일을 하게 되는 경우도 있다고 했다.

다양한 실무 경험 vs 지속적인 브랜드 관리

이쯤해서 한 가지 분명한 사실을 확인할 수 있었다. 다양한 경험을 쌓기 원한다면 매번 다른 브랜드와 일할 수 있는 에이전시 쪽이 더 좋은 선택이 될 거란 점이었다. 브랜드가 다르고 일하는 방식이 다른 만큼 훨씬 다양한 경험을 쌓을 확률이 높아 보였다. 반면 하나의 브랜드를 깊이 있게 파고들며 지속가능한 마케팅 업무를 하고 싶다면 확실히 인하우스에서 일하는 쪽이 즐거울 것 같았다.

그러나 이것은 옳고 그름의 문제가 아니라 '선택'의 문제였다. 그리고 어느 정도의 경험을 쌓은 에이전시 마케터들은 실무에서 관리 쪽으로 그 역할을 옮기는 경우가 적지 않았다. 국내 유수의 에이전시에서 일하는 마케터들은 약 3년 정도가 지나면 콘텐츠 제작과 함께 하나의 브랜드를 관리하는 업무를 맡게 된다.

> "팀장이 된 후에는 회의나 보고를 하는 경우가 많아졌죠. 사실 많은 사람들이 가장 싫어하는 것 중 하나가 바로 보고서 쓰는 일이에요. 다행히 저는 보고서 쓰는 것을 좋아해 그런 부분에서는 스트레스를 덜 받고 있죠. 그런데 필드에서 일하는 마케터 대부분은 관리업무를 부담스러워 해요. 하지만 이 일을 오래 하게 되면 한 번쯤은 겪어야 하는 일이기도 하죠."

실무를 원해 에이전시를 택한다면 한 번쯤 고려해 볼 만한 말이었다. 다양한 실무를 통해 경험을 쌓고 싶어 에이전시를 선택한 경우에도 이처럼 관리업무가 필요하다는 사실에 주목해야 할 것이다. 하지만 골드넥스의 마케터는 이 문제에 관해서만큼은 적어도 명쾌한 답을 내놓고 있었다.

"사람마다 잘하는 일은 각각 다르게 마련이에요. 우리가 하는 일 자체도 세분화, 전문화되고 있다고 생각해요. 지금은 제안 시즌 인데, 누군가는 숫자를 잘 보거나 보고서 쓰기를 좋아할 수 있어요. 그럼, 그 사람이 제안서를 담당하면 돼요. 그리고 크리에이티브한 일을 좋아하는 사람은 광고를 전담하면 돼요. 그래서 우리는 일이 몰리거나 시간이 없을 때도 스트레스를 덜 받는 편이에요. 왜냐하면 각자가 잘하는 일을 서로 잘 알고 있어 어느 정도 분업화를 해놨거든요. 다만 자신에게 맞는 일을 잘 찾아야 해요. 좋아하는 일과 잘하는 일의 교집합 말이에요. 그럼 회사에서도 그에 맞는 업무를 배려해 주는 편이에요. 아마 이 점은 우리 회사만이 아니라 대부분의 에이전시에서도 같을 거예요."

충성고객을 만드는
글로시에의 SNS 노하우

뷰티 브랜드 '글로시에'의 페이스북 팔로어 수는 2020년 현재 34만 명
이 넘는다. 이곳에는 제품 소개뿐 아니라 구입에서부터 개봉, 제품 경
험에 대한 피드백 등 다양한 소비자의 의견들이 올라와 있다. 리뷰 중
에는 불만에 가까운 피드백도 적지 않다. 하지만 글로시에는 모든 의
견에 대해 빠르고 깔끔하게 대응하고 있다. 소비자들과의 관계 유지
및 강화를 무엇보다 중요하게 여기기 때문이다. 글로시에를 만든 에
밀리 와이즈는 자신을 포함한 전 직원이 Q&A에 참여하고 있다고 밝
힌 바 있다.

밀레니얼 세대와의 긴밀한 소통 유지

글로시에의 페이스북에는 블로그 'Into the Gloss'의 글들이 자주 소개

된다. 콘텐츠의 주제도 다양하다. '과소비의 진짜 가치는 무엇일까?' '24시간 헬스장의 한밤중' '건강한 한 주를 위한 일요일의 음식 준비' 같은 내용의 글들이 그것이다. 이런 콘텐츠를 올리는 이유는 글로시에의 주요 고객이 다름 아닌 밀레니얼 세대이기 때문이다. 이들은 어릴 때부터 인터넷을 사용해 왔기 때문에 SNS를 통해 콘텐츠를 소비하는 것에 익숙하다. 또한 자신의 개성을 드러낼 수 있는 것에 대해서는 과감한 지출도 아끼지 않는다. 글로시에는 이런 밀레니얼 세대들의 관심과 공감을 얻기 위해 다양한 콘텐츠를 기획하고 업데이트하는 것이다.

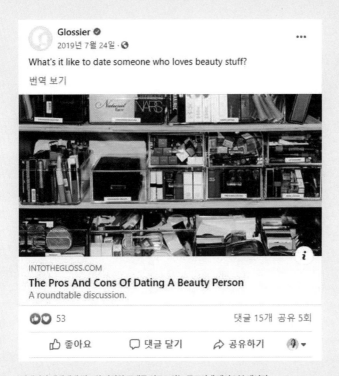

밀레니얼 세대에게 필요한 다양한 주제를 업로드하는 글로시에 페이스북 페이지

이에 비해 국내 주요 화장품 브랜드의 페이스북 페이지는 제품이 직접 노출되는 경우가 많다. 기간별로 주력 제품을 선정해 할인된 가격으로 고객들의 구매를 유도하기도 한다. '배우 ○○○이 드라마에서 썼던 립스틱은 무엇일까요?' 같은 이벤트도 쉽게 찾아볼 수 있다. 정답이 쉽고 응모도 편한 데다 당첨자 발표 역시 빠른 편이다. 이러한 이벤트는 소비자들에게 제품을 인지시키는 것이 주목적이다. 다만 소비자의 목적이 '경품'이다 보니 정작 기업이 원하는 '구매'로의 전환율은 낮을 수밖에 없다. 이벤트만 참여한 후 이탈하는 팔로어들이 적지 않은 것도 이 때문이다.

충성고객을 만드는 인스타그램

그렇다면 인스타그램은 어떨까? 글로시에의 인스타그램에 올라온 사진들에서는 자연스러움과 여유로움이 느껴진다. 아이폰으로 바로 찍어올린 듯한 자연스러운 사진들이 가득하다. 그리고 여기서 주목해야 할 것은 모든 콘텐츠에서 느껴지는 공통점이 그들의 브랜드 컬러라는 점이다. 모든 콘텐츠에서 글로시에 핑크Glossier Pink라고 불리는 일관성 있는 톤 앤 매너를 느낄 수 있다. 또한 글로시에는 셀피를 포함해 다양한 해시태그의 게시물들을 공식 계정으로 매일 리그램한다. 이때 원작자의 인스타그램도 같이 태그한다. 이런 사실이 알려지면서 더 많은 사람들이 글로시에의 충성고객이 되었고, 이들은 글로시에를 주제로 사진을 찍고 해시태그를 등록한다. 하루하루 자신을 태그해 주기를 바라면서 말이다.

출처 : 글로시에 인스타그램

Glossier ✓
@glossier

Question: have you been getting stress pimples? Thoughts/stories/advice? ⬇️

포스팅 중에는 소비자가 올린 콘텐츠를 리그램하는 경우도 있다

　반면 국내 화장품 브랜드의 인스타그램은 해시태그와 브랜드 그리고 제품명이 같은 경우가 대부분이다. 태그된 게시물의 경우에도 제품 촬영 컷이 많다. 몇몇의 사진도 대부분 인플루언서들이 올린 게시물이다. 글로시에와 달리 태그된 소비자들의 게시물을 실제 이미지로 활용한 경우는 찾아보기 힘들었고, 광고 모델의 촬영 컷 및 모델이 출연한 드라마의 장면을 활용한 사례가 대부분이었다. 브랜드의 컨셉보다는 많은 콘텐츠들이 모델에 맞춘 느낌을 지울 수 없었다.

2장

그들은 왜
디지털 마케터가 되었나?

1 대세가 된
디지털 마케팅

캘러웨이의 마케터는 시나리오 작가를 거쳐 광고대행사에서 일한 경험이 있었다. 당시 사회 초년생이었던 그가 일했던 곳은 소규모의 디지털 마케팅 에이전시였다고 했다. 그곳에서 그는 뭘 더 배워갈 수 있을지를 항상 고민했다고 한다. 내부에서 글을 쓰는 것만으로는 한계가 금방 올 것 같아서였다. 그래서 외주를 주던 영상 촬영을 직접 도맡아 하겠다고 대표를 설득했다. 회사 입장에서도 나쁘지 않은 제안이다 보니 영상 촬영 일을 전담으로 맡겼고, 이로 인해 촬영 기술이 날이 갈수록 발전했다. 이후 웹 프로모션 회사에서 2~3년을 더 근무하면서 큰 기업들의 프로모션을 대행하는 일을 하다 그 일이 인연이 되어 지금의 회사에 입사할 수 있었다.

"7~8년 전만 해도 직원 수가 백 명이 채 안 되는 작은 회사였어요. 당시만 해도 콘텐츠 마케터와 퍼포먼스 마케터라는 구분 자체가 없었죠. 그러나 지금은 이를 명확하게 정하고 일을 시작할 필요가 있을 것 같아요. 예전에는 마케팅 하면 세일즈 쪽 사람들이 회사의 중심이었어요. 그러나 지금은 마케팅 업무 중 많은 비중이 디지털 마케팅 쪽으로 넘어왔죠. 제가 생각하는 디지털 마케팅의 핵심은 즉시성과 지속성이라고 봐요. 피드백은 즉각적으로 하되 콘텐츠의 방향성은 꾸준하게 지속적으로 가져가야 하는 거죠."

닥터자르트의 마케터는 원래 개인사업을 했었다. 하지만 두 번의 사업은 모두 실패로 돌아갔다. 그렇다고 사업이 잘되지 않은 것도 아니었다. 그녀는 그때의 일을 이렇게 회상했다.

"저는 소품과 의류를 셀렉하여 판매하는 일을 했어요. 장사 수완이 모자라서 실패했다기보다는 외부적인 요인이 컸던 거 같아요. 지금 생각해 보면 너무 교만하지 않았나 싶어요. 오히려 잘나갈 때 접었어야 했어요. 사업은 통제할 수 없는 리스크가 너무 크더라고요."

사업을 하면서 배운 것도 적지 않았다고 했다. 일단 자신만의 차별화 포인트를 만들지 못한 것이 실패의 요인이라고 했다. 하지만 이때의 경험이 그녀에게 시장과 소비자를 읽을 수 있는 눈을 열어 주었다. 어느 때보다 소비자들의 취향이 디테일해지고 있는 요즘이다. 예전처럼 평준화된 취향을 따라가다간 실패를 반복할 것이 불을 보듯 뻔한 시대다. 그래서 타깃의 니즈를 파악하여 나만의 필살기를 구축하는 것이 필요하다고 닥터자르트의 마케터는 말했다. 또 이를 통해 온·오프라인의 소비자들을 자신 혹은 자기 브랜드의 팬으로 만드는 방법을 고민해야 한다고 했다. 자신만의 팬덤과 마니아를 만들어 가는 능력이 중요하다는 말이었다.

그렇다면 밀레니얼 세대들이 열광하는 소비의 방식은 과연 어떤 것일까? 어떻게 하면 다양한 디지털 채널을 통해 공유와 확산을 도모할 수 있을까? 현대자동차의 마케터는 그 방법을 배우기 위해 소셜미디어 수업을 듣기도 했다고 말했다.

> "대학교 마지막 학기 때 SNS를 배웠어요. 너무 재미있어서 계절학기를 따로 들을 정도였죠. 그 과목만 A+를 받았으니까요. 다양한 방법으로 소통할 수 있는 소셜미디어의 매력에 푹 빠져버리게 된 거예요. 당시 페이스북 커뮤니티 페이지를 운영했는데, 초기라 그런지 운영도 잘되고 재미도 있었죠. 이전과는 차별화된 형태로 광고와 홍보가 가능했어요. 물론 지금처럼 이렇게 빨리 변화가 찾아오리라고는 생각지 못했지만요."

지금의 회사에 입사한 이유도 이런 마케팅에 대한 관심 때문이었다. 그는 대학에서 사회학과 신문방송학을 전공하며, PD 일을 하고 싶었다고 했다. 그래서 어렵게 케이블 방송국에 들어갔지만 한 가지 걸리는 점이 있었다. 제때 잠을 잘 수 없는 업무환경 때문이었다. 밤에는 무조건 자야 한다고 생각하는 그는 워라밸을 지키면서도 재미있게 할 수 있는 일을 고민했다. 그 고민의 답이 바로 지금 하고 있는 디지털 마케터의 길이었다.

"2016년부터 근무했어요. 입사 초기만 해도 디지털 마케팅은 회사 마케팅 채널 중 비중이 가장 낮았죠. 하지만 2018년에 들어서면서부터 조금씩 디지털 쪽으로 넘어오기 시작했어요. 지금은 마케팅 기획 단계에서부터 저희가 참여할 때가 많아요. 그래서 항상 다양한 정보에 관심을 많이 가지는 편입니다. 자동차와는 직접 관련이 없더라도 패션, 유통, 금융 등 다양한 분야의 유튜브 채널을 구독하고 있어요. 자동차는 하나의 신차가 나오면 최소 5년은 끌고 가다 보니 트렌드에 대한 감각이 의류나 유통보다 더 딘 편이에요. 그래서 자동차 산업 외의 다른 분야의 트렌드에 대해 공부하려고 항상 애를 쓰고 있죠."

<u>2</u>　브랜드에 대한
　　진정성 있는 애정

　　　　　이쯤 되니 한 가지 공통점이 보이기 시작했다. 전공도 성별도 나이도 다르지만 그들 모두가 다양한 실무 경험을 가지고 있다는 점이었다. 주도적인 성과를 만들어 본 경험이 있었다. 그것이 비록 실패로 이어졌다 할지라도 중요한 것은 이론에 머물지 않았다는 점이다. 오히려 전공은 크게 상관이 없었다. 각각 다른 이유로 디지털 마케터의 길로 들어선 그들이지만 '자기답게' 일하는 방법을 찾은 결과였다. 자신이 어떤 사람인지, 어떤 일을 좋아하는지, 어떨 때 성과를 낼 수 있는지를 잘 알고 있다는 공통점이 있었다. 그리고 또 하나가 바로 '브랜드에 관한 관심'이었다. 이들이 왜 각각의 회사에서 선택 받았는지를 알 수 있는 대목이었다.

"아버지가 패션 기업에서 일해서 어렸을 때부터 다양한 해외 브랜드를 접할 기회가 많았어요. 라벨링, 소재, 패키지부터 디자인까지 우리나라에서 볼 수 없는 브랜드를 보면서 감동을 받았어요. 자연스럽게 '브랜드'에 대한 관심이 많아졌고, 대학교 때에는 럭셔리 브랜드의 본 고장인 프랑스 파리로 교환학생을 가서 브랜드 수업을 들으며 다양한 브랜드를 공부했어요. 또 프랑스 명품 브랜드 H에서 인턴생활을 하면서 이 일을 시작하게 되었습니다."

어려서부터 브랜드에 많은 관심을 가졌던 크록스의 마케터는 크록스가 가진 독특함이 좋았다고 했다. 제품 자체도 좋았지만 그들이 전하는 스토리텔링에 매력을 느꼈기 때문이다.

그녀는 좀 더 다양한 사람들을 만날 수 있는 현장에서 일하고 싶었다. 또 마케팅을 통해 사람들이 싫어하는 것조차 예쁘게 보이게 하는 그런 곳에서 일하고 싶었다. 모두가 다 아는 유명한 브랜드보다는, 마케터로서의 역량을 더 많이 드러내 보일 수 있는 브랜드에서 일하고 싶었다. 그런 브랜드가 그녀에겐 바로 '크록스'였다.

크록스는 크로슬라이트™라는 가벼운 소재로 만들어진 신발이다. 특히 지비츠라는 다양한 액세서리를 출시해 소비자들에게 신발을 신는 색다른 재미를 더해 주었다.

"제가 4년 전쯤 크록스에 입사할 때만 해도 크록스 하면 '편한 슈즈' '장마 슈즈' '키즈 슈즈'라는 인식이 강했어요. 하지만 요즘에

출처 : 크록스코리아 공식 인스타그램

내 취향에 맞게 **크록스를 꾸며 신을 수 있는 크록스 지비츠**

는 다양하고 힙한 아티스트 및 브랜드와 콜라보레이션을 하면서 정말 '힙한' 슈즈로 거듭나고 있어요. 2020년 7월에 런칭한 '케이스스터디 × 크록스' 콜라보레이션 슈즈는 크록스를 하이 패션 슈즈로 재탄생시키며, 크록스의 브랜딩에 큰 도움이 되었어요."

닥터자르트의 디지털 마케터는 해외 브랜드를 관심있게 본다고 했다. 한국의 트렌드는 카피 앤 페이스트Copy & Paste가 쉽기 때문이라고 했다. 그런 그녀에게 앞서 소개한 글로시에가 눈에 띈 것은 어쩌면 당연한 결과였다.

"뷰티 브랜드 '글로시에'를 항상 관심있게 보고 있어요. 이 브랜드의 시작은 패션 어시스턴트가 블로그를 작성하면서 시작했어요. 패션 잡지 어시스턴트가 창업자인 거죠. 패션 분야의 셀럽들이 실제로 어떤 화장품을 어떻게 사용하는지 소비자들이 궁금해 하는 애기들을 적기 시작했죠. 소비자들이 팬이 되면서 화장품 회사까지 창업하게 됩니다. 자신만의 화장품 브랜드를 만든 거죠. 그런 기반이 그들의 니즈를 해결해 주면서도 인지도를 높여 주었죠. 유명한 브랜드가 되고 나서도 그 방향성을 유지하고 있어요. 저는 이렇게 국내보다는 해외 레퍼런스를 주로 참고하는 편이에요."

뷰티 브랜드의 경우 낮은 진입장벽이 모든 마케터들의 일관된 고민이었다. 닥터자르트 역시 변화에 민감한 소비자들의 반응을 주시하고 있었다. 특히 SNS 인플루언서를 활용한 마케팅이 계속 성장하고 있어 이 부분을 항상 눈여겨보고 있다고 했다. 이러한 고민은 매번 새로운 콘텐츠를 만들어 내야 하는 디지털 마케터들에게는 여전히 큰 숙제이기도 했다.

"페이스북과 인스타그램, 유튜브와 웹툰을 거의 매일 챙겨봅니다. 〈유 퀴즈 온 더 블럭〉과 같은 주말 예능 프로그램도 꼭 챙겨 봐요. 그리고 예능 프로그램에 나왔던 내용 중 눈에 띄는 자막과 그 포인트를 콘텐츠에 녹여내죠. SNS는 빠른 대응이 중요하다 보니 주말의 콘텐츠를 바로 적용하는 것이 좋아요. 사람들이 자주 보는 프로그램을 브랜드랑 연결해서 올렸을 때 좋은 반응을 얻는 경우가 많더라고요."

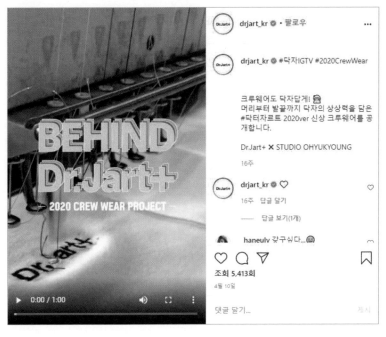

트렌디한 폰트와 카피로 콘텐츠를 제작하는 닥터자르트

자연주의 코스메틱
브랜드, '이솝'

호주 멜버른에서 헤어 살롱을 운영하던 데니스 파피티스Denis Paphitis는 1987년, 건강한 헤어스타일을 지향하는 자신의 엄격하고 까다로운 기준을 반영한 자연주의 코스메틱 브랜드 '이솝'을 만들었다. '제품이 항상 최우선'이라고 말하는 그는 화장품 하나를 개발하는데 보통 3~4년 이상의 공을 들였다. 이런 이유로 이솝이 추구하는 가장 큰 기업가치는 제품의 '진정성'이다. 예를 들어 자외선 차단 성분이 들어간 모이스처라이저는 완벽한 제품을 만드는데 무려 10년의 시간이 필요했다.

이솝은 매스미디어를 통한 광고는 전혀 하지 않는다. 제품 패키지와 매장이 보여주는 강력한 비주얼 아이덴티티로 마케팅을 대신한다. 간결하고 실용적인, 미니멀한 패키징이 가장 큰 특징이다. 알루미늄이나 플라스틱, 유리병 등 '재활용이 가능한' 용기를 사용하고, 모든 인쇄

물은 친환경 식물성 콩기름 잉크로 제작된다. 다량의 식물 추출물이 함유된 제품을 보호하기 위해 대부분의 경우 제약등급의 갈색병을 사용한다. 갈색 유리는 자외선을 차단하기 때문에 방부제를 소량만 사용해도 되는 장점이 있다. 포장지로는 이솝이 추천하는 지역의 문화 명소를 담은 페이퍼 백과 이솝의 로고가 인쇄된 에코백이 사용된다.

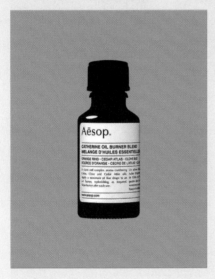

자외선을 차단하는 이솝의 갈색 유리병

2014년, 이솝은 신사동 가로수길에 국내 첫 매장을 론칭했다. 이솝은 작품을 전시하는 미술관처럼 도시의 거리에 존재하는 것을 유지해 가며 그곳의 컨셉에 맞추어 숍을 만든다. 이처럼 이솝의 매장은 제품 판매의 공간을 넘어 지역의 역사와 문화를 반영한 공간에서 여유와 휴식을 제공한다. 그래서 전 세계 어디에도 동일한 매장이 없는 것이 특징이다. 시그니처 매장 자체가 브랜드의 비주얼 마케팅이라고 믿기

출처 : 이솝 홈페이지

하나의 미술관 같이 간결하고 정제된 인테리어를 보여주는 이솝의 매장

때문이다. 전 세계 매장에 대한 별도의 사이트를 따로 만들 정도로 이 숍은 제품을 전시하는 매장에 공을 들이고 있다.

3장

성장하는
디지털 마케터의 조건

1　끊임없는 아이디어의 발굴

　　디지털 마케터가 되기 위해선 무엇을 준비해야 할까? 그것은 아마도 자신이 맡은 브랜드에 대한 진정성 있는 애정이 아닐까? 디지털 마케팅도 본질에 있어서는 여타의 마케팅과 전혀 다를 것이 없다. 활동하는 채널이 다르고 쓸 수 있는 예산이 일반적인 광고에 비해 소규모일 수밖에 없다는 점을 제외하면 말이다. 그래서 '차별화'에 대한 고민은 더더욱 절실할 수밖에 없다. 그 절실함이 솔루션을 만들어내곤 했음을 경험상 우리는 알 수 있었다.

　　오래된 브랜드를 진부하게 여기지 않고, 새로운 제품에 낯설지 않게 만드는 것, 그것이 디지털 마케터에게 주어진 가장 큰 숙제이자 명제일 터였다. 그렇다면 당연히 디지털 마케터에게 요구되는 역량도 남다를 수밖에 없지 않을까?

"자동차와 관련된 정보만 봐서는 안 됩니다. 저만 해도 패션, 유통, 금융 등 다양한 채널을 동시에 구독하고 있어요. 거기서 얻어지는 벤치마킹의 결과물로 새로운 아이디어를 만들어 내곤 하죠. 자동차 관련 콘텐츠는 웬만해선 안 찾아봐요. 어차피 내부 공유용 회사 정보로 다 알 수 있기 때문이죠."

현대자동차의 디지털 마케터는 특히 패션 매거진을 많이 본다고 했다. 어떤 업종보다 제품 사이클이 빠르기 때문에 그때그때 유행하는 최신 트렌드에서 착안할 것들이 많다고 했다. 그중엔 '하입비스트'라는 해외 잡지도 있었다. 음악, 패션, 테크 등 다양한 관심사에 맞는 새로운 이야기들, 인디적인 문화가 많이 녹아 있는 잡지라고 했다. 그는 또 애플 뮤직을 통해 외국 락 밴드의 음악을 주로 듣는다고 했다. 매일 다른 새로운 음악을 큐레이션해 주기 때문이다. 원래 락을 좋아해 대학 시절 밴드 활동까지 했다고 하니 고개가 끄덕여졌다.

출처 : 하입비스트 홈페이지

그때그때 유행하는 최신 트렌드 파악에 도움이 되는 패션 매거진 '하입비스트'

"사람들이 좋아하는 채널이 계속 바뀌고 있어요. 처음에는 트위터와 블로그가, 그다음에는 페이스북과 인스타그램이 디지털 마케팅의 메인이 되었죠. 이 과정에서 후발 주자들이 따라오지 못하는 현상이 생기기도 했죠. 그리고 지금은 유튜브 채널이 활발히 각광 받고 있어요. 이유는 단순해요. 어린 친구들, 심지어 두세 살짜리 아이들도 유튜브를 스킵해 가면서 보니까요. 이미 십대는 네이버보다 유튜브를 먼저 검색하는 세대에요. 똑같은 이슈라도 유튜브를 먼저 보죠. 유튜브의 어마어마한 발전 가능성을 보여주는 단적인 사례라고 생각해요."

골드넥스에서 일하는 디지털 마케터는 특히 유튜브를 주목하고 있었다. 개인적으로 유튜브 채널을 운영하고 있기도 했다. 자신이 직접 해봐야 광고주들에게 어필할 수 있다고 생각하기 때문이다. 그는 유튜브 채널을 운영하며 사람들이 많이 찾는 콘텐츠의 유형을 연구하곤 한다. 그중에서 집에 가만히 누워 있는 영상을 보여주는 '눕방'을 신기해 하고 있었다. 이유는 정확히 알 수 없으나 사람들은 이런 영상을 통해 위로와 힐링을 얻고 있는 것이 분명해 보인다고 했다. 슬라임만 해도 그렇다. 자신은 도저히 공감할 수 없는 취미지만 이런 영상을 통해 자기만족을 얻고 긴장감을 해소하는 사람들의 심리를 이해할 수 있었다고 했다.

이렇게 다양한 소스를 통해 소비자들의 마음을 이해하는 과정은 한국후지필름의 디지털 마케터도 마찬가지였다.

"경쟁사를 포함해 일단 많이 보는 것이 답이에요. 저는 특히 화장품 계열의 디지털 콘텐츠를 많이 봅니다. 후지필름의 핵심 브랜드인 인스탁스 카메라의 주요 고객인 20~30대 여성 구매자들이 선호하는 브랜드들이 어떻게 마케팅하는지를 주로 봐야 하니까요. 브랜드 전문지를 읽기도 하고 계열사 소셜미디어 모임에 나가 정보를 교류하기도 합니다. 다양한 외부 포럼에도 많이 참여하는 편이고요."

그렇다면 퍼포먼스 마케터는 어떤 식으로 새로운 아이디어와 영감을 얻고 있을까? 그들 역시 잘한다고 생각하는 계정이나 브랜드들을 체크하는 방식에서는 크게 다르지 않았다. 하지만 가장 크게 도움이 되는 방법은 역시 같은 업계 종사자들을 만나 이야기를 나누는 거였다. 때로는 자신의 업무와 상관없는 일반 소비자를 만나 이야기를 나누는 것도 도움이 된다고 했다. 올리브영 담당자의 경우는 매장에 나가 직접 손님들을 관찰할 때도 많다고 했다. 그들이 매장에서 뭘 검색하는지, 그들이 관심있게 보는 신제품은 어떤 것들인지 직접 확인하는 식이었다.

"정말 춘추전국시대 같다는 생각을 해요. 예전에는 빅 브랜드든 프리미엄이든 로드숍 안에서 다 해결이 되었거든요. 그런데 요즘에는 인플루언서들이 직접 만들어 낸 화장품도 온라인에 정말 많아요. 디지털이라는 자유로운 활로가 생겨서 가능한 것 같아요. 누구든 자기 취향에 맞춰 살 수 있는 그런 시대랄까요?"

특히 요즘 그녀가 관심있게 보는 것은 '클린 뷰티'라고 해서 유해성
분 대신 피부에 자극이 적은 제품과 동물성 원료나 동물 실험을 하지
않는 비건 화장품 브랜드들이다. 이들은 동물을 학대하거나 환경에
해를 가하는 제품을 만들지 않는다. 자신들의 엄격한 잣대를 가지고
철저한 제조과정을 거쳐 화장품을 만든다. 지금은 소비자들이 자신과
유사한 가치관을 가진 브랜드를 소비하는 시대이기 때문에 국내외에
서 하나의 트렌드로 자리를 잡고 있다는 것이 그녀의 설명이다. 이처
럼 소비자들의 요구에 민감하게 반응하고, 앞으로의 변화를 미리 가늠
하는 것도 디지털 마케터의 중요한 능력이다.

2   시장을 보는 눈,
그리고 커뮤니케이션

골드넥스의 디지털 마케터는 유튜브를 직접 운영해 본 콘텐츠 창작능력을 가진 지원자를 선호하고 있었다. 자신이 직접 해본다는 것, 사람들의 주목을 받는 인플루언서들에 대한 관심을 놓치지 않는다는 것, 그리고 자신이 진행하는 브랜드와의 연관성을 찾아 고민하는 자세가 필요하다는 것이다. 블로그를 운영해 본 사람도 환영한다. 그래서 서류보다 경험이 훨씬 더 중요하다고 아예 채용공고에 명시한다. 그런데 의외로 그런 경험을 어필하는 포트폴리오를 가져오는 지원자는 별로 없다고 했다. 그런 지원자가 많지 않다 보니 조금이라도 그런 경험을 가진 사람의 경우는 바로 차별화가 된다. 다양한 브랜드를 동시에 운영해야 하는 실무자로서의 고민을 엿볼 수 있는 대목이었다.

"어떤 브랜드의 콘텐츠를 만들더라도 고민은 한 가지예요. 바로 어떻게 차별화하느냐는 거죠. 각각의 브랜드가 원하는 콘텐츠의 컨셉이 다를 수밖에 없는 것도 이 때문이죠. 그런 톤을 일관되게 유지하려면 무엇보다 담당자의 열정이 필요해요. 또 그 브랜드를 좋아해야 하고요. 그 브랜드를 자신의 것으로 생각해야 하죠. 그래서 특정 브랜드에서 마케팅 의뢰가 들어오면 맡고 싶어 하는 사람이 있는지 꼭 물어보곤 합니다."

그렇다면 에이전시가 아닌 인하우스 마케터는 어떤 역량을 고민하고 있을까? 닥터자르트의 디지털 마케터는 시장과 소비자에 대한 관심과 분석력이 중요하다고 강조했다. 특히 마케터는 다양한 경험을 가져야 한다는 그녀의 신념은 함께 일할 팀원을 뽑는 일에도 고스란히 적용되고 있었다.

"제가 이 회사에 옮겨 왔을 때 팀이 막 꾸려졌어요. 한 친구를 더 구해야 했는데 얼마나 다양한 경험을 했는가가 가장 중요한 구인 요건이었어요. 정석적인 코스를 밟지 않았어도, 실패도 해보고 그 실패에서 어떤 인사이트를 얻은 사람이길 바랐어요. 제가 그랬으니까요. 마케팅이 아닌 교육이나 CS 분야 또는 사업을 해본 친구라면 더 좋다고 생각했어요. 이 일과 접목할 수 있는 다양한 경험이 많길 바랐죠."

그녀는 시장에서의 현상을 어떻게 해석하느냐에 따라 브랜드의 방향성이 완전히 바뀔 수 있다고 말한다. 그렇기 때문에 항상 정확한 분석이 필요하다고 했다. 센스일 수도 있고 소비자 심리일 수도 있다. 어떤 식으로든 분석력을 갖춰야 제대로 된 방향 설정이 가능하다. 이런 점에서 보면 콘텐츠 마케터에게도 퍼포먼스 마케터와 같은 데이터 필터링 능력이 필요하다는 사실이 분명해지고 있었다.

> "어떤 데이터는 무시하고 어떤 데이터는 살려야 하는지를 구분하는 게 우선적인 과제죠. 그래서 '이 사람은 왜 이런 생각을 했을까' 하는 소비자 심리와 인문학적 소양이 있어야 해요. 과학적 분석력도 필요하고요. 한마디로 이 업은 만능을 요구해요. 문이과적인 특성을 모두 가져야 하죠. 분석력에 인문학적 소양까지 필요로 하니 힘들 수밖에 없죠."

올리브영의 담당자는 커뮤니케이션의 중요성을 강조했다. 자기가 하고 싶은 말의 포인트가 확실하고, 이를 잘 표현하는 것이 중요하다는 것이다. 커뮤니케이션이라는 것은 결국 무슨 말을 어떻게 할지에 대한 이야기이다. 머릿속에 두고도 표현을 못하는 사람들이 적지 않고, 생각 정리가 안 되는 사람도 주변에 많다. 기본적으로 이 일을 하려면 자기가 어떤 말을 전하고 싶은지에 대한 논리적인 체계가 있는 사람이어야 한다고 그녀는 말한다. 그 정도 레벨은 되어야 고객들에게 제대로 말을 건넬 수 있다는 생각 때문이다.

"커뮤니케이션의 핵심은 결국 설득에 있는데, 내가 이 말을 직구로 던질 수도 있고 커브로 던질 수도 있고 그렇잖아요. 그런 걸 설계해서 던졌을 때 내가 원하는 대로 움직여 주면 짜릿함이 있거든요. 그런 재미 때문에 이 일을 좋아하는 면도 있는 것 같아요."

3장 성장하는 디지털 마케터의 조건

3   경험을 대신할 수 있는 것은
아무것도 없다

한국후지필름의 마케터는 자사의 카메라와 새로운 사진 서비스를 지인들에게 많이 보여준다고 했다. 일상에서 즐기면서 쓸 수 있는 제품이 바로 '인스탁스 카메라'이기 때문이다. 그 과정에서 인사이트를 주로 얻는다고 했다. 언제 어디서 무슨 사진을 어떻게 찍는지에 대한 경험은 관찰만으로 얻을 수 없는 것이다. 직접 그 제품을 현장에서 사용해 봐야만 알 수 있는 정보들이 더 많기 때문이다.

실제로 골드넥스의 마케터 중에는 자신이 직접 유튜브 채널을 운영하는 경우도 있었다. 이 역시 다름 아닌 '경험'이 가진 힘 때문이다.

"팀원들이 좋아하는 '입 짧은 햇님'이라는 유튜버가 있어요. 너무 잘 먹고 복스럽게 먹죠. 하지만 관찰만으로는 이런 유튜버의 인

출처 : 한국후지필름 인스타그램

경험을 기반으로 공감가는 콘텐츠를 만드는 한국후지필름의 마케터

기를 온전히 이해하기 힘들다고 생각해요. 그래서 개인적으로 유튜브를 운영하기 시작했어요. 내가 직접 해봐야 그들의 어떤 매력이 소비자들에게 어필하는지를 알 수 있기 때문이죠."

이처럼 특정 채널을 자신이 직접 운영해 보는 경험은 자신이 광고를 집행하는 브랜드와의 연관성을 찾는 데 큰 도움을 준다고 했다. 각각의 브랜드에 어울리는 광고 채널은 저마다 다르기 때문이다. 그래서 페이스북의 어떤 점이, 유튜브의 어떤 점이 소비자들에게 어필할 수 있는지를 채널 운영자가 되어 직접 경험해 보는 것은 남다를 수밖에 없다. 수동적으로 바라보기만 하는 과정에서는 알기 어려운 유저와 채널과의 관계를 직접 경험하고 발견할 수 있기 때문이다. 이런 고민은 그 어떤 업종보다도 변화무쌍한 디지털 마케팅 업종의 특징을 고스란히 담아내고 있었다.

> "새로운 서비스가 계속 생겨나고 있어요. 인스타그램에 샵 기능이 새로 생기는 것처럼요. 직접 운영해 보지 않으면 이전의 기능들과 어떻게 차별화되는지 자세히 알기 힘들어요. 이런 변화를 빨리 읽기 위해서는 경험 외에는 답이 없다고 생각해요. 그래야만 자신이 담당하는 브랜드에 적용해 볼 수 있으니까요."

골드넥스의 마케터는 이 상황을 잘 알고 있었다. 그래서 그는 다양한 제품을 직접 경험해 보는데 시간과 비용을 아끼지 않는다고 했다. 예를 들어 칫솔을 브랜딩하면 다양한 칫솔 제품을 직접 써보고, 햄버거 브랜드의 디지털 마케팅을 맡은 경우엔 직접 각기 다른 매장을 찾아 오감으로 그 차이를 경험해 본다. 어떤 브랜드의 제품에 대해 알게 되고, 정보를 얻고, 구매를 하고, 후기를 쓰고, 주변 사람들에게 바이럴하는 모든 과정이 마케팅의 일부임을 잘 알고 있기 때문이다.

디지털 마케터도 결국 한 사람의 소비자일 수밖에 없고, 그렇게 얻은 객관적인 데이터는 한 브랜드의 디지털 마케팅 과정에 있어서 중요한 역할을 한다. 그래서 리서치와 관찰 그리고 다양한 경험까지, 마케터는 언제나 이렇게 오감을 열어두고 세상을 바라보며 항상 그 속으로 뛰어들 준비가 되어 있어야 한다. 그래야만 수없이 많은 선택지에 둘러싸인 소비자들을 더욱 효과적으로 설득할 수 있기 때문이다.

일상은 그렇게
브랜드가 된다

그녀는 평범한 은행원이었다. 둘째 아이를 출산하고 육아휴직을 시작하며 인스타그램과 블로그에 평범한 일상의 변화를 기록했다. 평소 인테리어에 관심이 많았던 그녀는 육아휴직기간 동안 집 인테리어를 바꿔보려고 인터넷과 SNS를 뒤져봤지만 마음에 드는 가구를 찾기가 쉽지 않았다. 특히 아파트에 어울리는 선반은 거의 없었다. 그때 40년 동안 나무를 만져온 아버지가 떠올랐다. 아버지와 함께 자신이 만들고 싶은 가구를 만들었다. 때마침 새로 이사한 집의 인테리어가 네이버와 '오늘의 집' 메인에 소개되며 그녀의 인스타그램 팔로워 수가 폭발적으로 늘었고, 제품 관련 문의가 폭주했다. 인스타그램 매출을 통해 월급 정도를 벌 수 있을 즈음 그녀는 미련 없이 은행을 그만두었다. 대물림 가구로 유명한 '언커먼하우스'는 이렇게 시작되었다.

언커먼하우스의 일산 쇼룸은 주 4일만 운영된다. 은행 근무시절 그토록 바랐던 4일 근무를 실현한 것이다. 아이들과 함께할 시간을 갖기 위한 브랜드이기에 더욱 의미가 있었다.

이렇게 일상은 브랜드가 된다. 인스타그램의 사진 한 장이 이른바 '세포마켓'으로 변모한다. 1인의 취향이 팬덤으로 이어져 브랜드로 다시 태어나는 것이다. 앞으로도 언커먼하우스와 같은 일상 속의 브랜드는 더욱 많아질 것이다. 여기서 중요한 것은 '가구'가 아니라 사람들의 숨은 불편과 트렌드를 읽을 줄 아는, 자기만의 스타일을 고집할 줄 아는 '당신의 안목'이다. 그래서 언커먼하우스는 말 그대로 흔하지 않은, 유니크한 브랜드가 될 수 있었다.

따뜻한 감성의 사진으로 많은 인기를 얻고 있는 언커먼하우스 인스타그램

세포마켓이란 기존 쇼핑몰이나 오픈마켓이 아닌 SNS를 통해 상품을 거래하는 형태를 말한다. SNS마켓이나 블로그마켓이 대표적이다. 세포마켓에서 직접 판매를 하는 개인 판매자들을 셀슈머Sell-sumer라고 부르며, SNS를 기반으로 하는 개별 크리에이터들은 이제 1인 미디어에서 1인 마켓으로 발전하고 있는 중이다.

이러한 1인 마켓의 등장으로 유통의 판이 바뀌고 있다. SNS마켓, 중고마켓, 오픈마켓 등을 포함해 국내의 개인간(C2C) 거래시장은 약 20조 원에 달한다. 통신판매업자는 꾸준히 증가해 2019년 말 기준 27만 명으로 2010년 사업자 수 대비 세 배나 증가했다. 또한 전자상거래 소비자 중 86.4%가 SNS를 이용하고, 그중 51.6%는 SNS마켓을 통해 상품을 구매한 경험이 있다고 응답했다.

이런 세포마켓의 부흥은 개인의 취향을 중요시하는 밀레니얼 세대의 등장과 맥을 같이하고 있다. 1980년대 초반에서 2000년대 초반에 출생한 밀레니얼 세대들은 모바일과 SNS를 능숙하게 다루고, 이들은 인터넷을 통해 온라인 쇼핑을 하는 것이 매우 익숙하기 때문이다.

4장

어떤 디지털 마케터가
될 것인가

1   에이전시와 인하우스, 어디서 일할 것인가?

인하우스에서 일하는 마케터들은 어떤 환경에서 일하고 있을까? 한국후지필름의 경우는 상품 기획과 마케팅 팀이 별도로 구성되어 있는데, 한국에서는 기획상품의 콜라보레이션 업무를 주로 담당한다고 했다. 프로모션과 커뮤니케이션 등 홍보 업무가 주를 이루지만 세일즈 업과 디자인 전략, 신사업 마케팅 업무까지 병행하고 있었다. 이처럼 인하우스의 경우 디지털 마케팅 업무 외에도 전반적인 마케팅 업무까지 넓은 범위의 일을 담당하고 있었다.

반면 에이전시는 광고주의 의뢰를 받아 정해져 있는 일을 해야 하기 때문에 융통성 발휘에 제약이 많고, 수동적으로 일을 할 수밖에 없는 상황이 많다. 또 광고주 성향에 따라 하는 일이 많이 달라진다. 많은 회사들이 에이전시에 기대하는 바는 '자기 일을 대신 해달라'는 것이기 때문이다. 이런 환경에서 주도적으로 일하기는 쉽지 않다.

인하우스인 한국후지필름의 마케터는 인스타그램 등 자신이 운영하는 다양한 커뮤니케이션 채널의 목표로 두 가지를 꼽았다. 하나는 잠재고객을 확보하는 것이고, 다른 하나는 매출을 일으키는 것이다. 자신의 목표는 두 가지 모두 아울러 이루는 것이라고 했다. 하지만 에이전시에서 채널 커뮤니케이션 업무를 담당했을 때보다 인하우스에서는 매출 연계와 전환에 더 중점을 두고 커뮤니케이션 전략을 세우고 있다는 점에서 차이가 있다고 말한다.

> "에이전시에서 AE Account Executive로 일할 때는 브랜드 인지도를 높이기 위한 노출이나 브랜드 선호도를 높일 수 있는 긍정적인 브랜드 경험을 전파하는 것을 목표로 했었는데, 인하우스로 오니 이런 활동들이 매출로 연결되는 퍼포먼스까지 고려하며 분석적으로 사고하는 능력도 필요하더라고요. 소비자 여정 consumer journey에 따라 고객들이 구매시 무엇을 고려하고, 어떤 경험이 브랜드 충성도를 높이고 재구매까지 이어질 수 있을지 항상 고민합니다. 그러다 보니 쉬는 날 우연히 들어간 카페에서도 사람들을 관찰하게 되더라고요. 친구들이 새로 산 제품을 자랑할 때도 어떻게 제품을 알게 되었는지, 왜 구매를 했는지 유도심문(?)도 하게 되고요. 이렇게 하나하나 관찰하고 물어보며 소비 트렌드를 익히는 거죠."

에이전시인 골드넥스의 마케터는 이러한 차이를 모른 채 무조건 인하우스 회사에 들어가려는 주니어들을 우려의 눈으로 보고 있었다. 면접을 온 친구들에게 인하우스와 에이전시의 차이에 대해 물어보면 대부분 제대로 된 답을 못한다고 했다. 인하우스에서는 전체적인 디지털 마케팅 업무를 컨트롤할 거라고 생각하지만 아직까지 많은 인하우스 회사에서 디지털 마케팅은 서브 업무에 머무르고 있는 것도 사실이다. 소셜미디어에 글을 올린다든지, 검색광고를 맡길 대행사를 컨택하는 정도의 업무가 전부라고 생각하는 것이 현실이라고 했다.

> "인하우스의 경우 디지털 마케팅 업무만 하는 사람은 거의 없다고 봐야 합니다. 제가 맡고 있는 광고주 중에는 딱 한 명 있었어요. 온오프라인 광고는 물론 SNS 광고, 광고 비주얼 제작까지 디지털 업무만 전담하는 경우는 거의 없습니다. 또 인하우스의 경우 마케팅 전반에 대한 업무 범위는 넓은 데 반해, 디지털 마케팅 예산은 상대적으로 적은 편이에요."

하지만 인터뷰가 계속될수록 에이전시와 인하우스의 차이를 그 업무의 성격만 가지고 나누기는 힘들지 않을까 하는 생각을 지울 수 없었다. 그 경계가 갈수록 옅어지고 있기 때문이다. 인하우스 마케터의 경우 자신의 브랜드에 대한 완벽한 이해가 선행되어야 에이전시와 효율적으로 일할 수 있다. 에이전시 마케터 역시 담당한 브랜드를 자기 회사처럼 생각하지 않으면 좋은 결과를 결코 만들어 낼 수 없음을 익히 경험해 왔다.

　중요한 것은 인하우스인가 에이전시인가가 아니라는 생각이 들었다. 그 안에서 어떤 역할을 감당할 수 있느냐가 더 중요해 보였다. 자신의 업무환경에 대한 정확한 이해 없이는 어떤 회사에 들어가도 자신의 역할을 감당하기가 쉽지 않을 것 같았다. 이러한 고민은 아마도 일반 회사 역시 마찬가지일 것이다. 우리의 질문은 자연스럽게 어떤 사람을 고용할 것인지에 대한 것으로 옮겨갔다.

<u>2</u> 함께 일하고 싶은
마케터

"기본적인 업무 진행과 팀에 잘 어울릴만한 사람인가를 먼저 봅니다. 신입에게 높은 스킬을 요구할 수는 없으니까요. 팀장인 나와 잘 맞는지도 고려해야죠. 그래서 개인적인 취미 같은 것을 물어볼 때가 많습니다. 그리고 대화를 어떻게 이어가는지를 중점적으로 봅니다. 한 번은 물어보지 않은 말에도 대답을 잘하는 사람이 있었어요. 구구절절 말도 많고 질문도 많았죠. 속으로 이렇게 주도적이고 능동적인 사람이라면 일을 잘할 수 있겠다는 생각이 들었어요. 다행히 그 신입사원은 비교적 나이가 많았는데도 지금까지 잘해 주고 있어요."

에이전시인 골드넥스의 마케터는 최대한 일하는 사람에게 맞는 브랜드를 연결해 준다고 했다. 그렇게 하나의 브랜드를 맡게 되면 사수를 옆에 두고 업무를 진행하게 된다. 주된 역할은 SNS 운영이다. 이때 채널의 성격에 따라 업무내용은 조금씩 달라지고, 광고주 요청에 따라 달라지는 경우도 많다. 페이스북과 인스타그램의 운영이 메인이고, 그 외에 블로그나 카카오스토리로 확장하는 경우가 많다고 했다. 최근에는 유튜브 채널의 관리도 점점 늘고 있는 추세라고 했다.

> "처음에는 주로 바이럴 업무를 맡깁니다. 의뢰받은 브랜드의 블로그와 인스타그램의 인플루언서를 찾는 작업부터 시작하죠. 약 3개월의 수습기간 동안 클라이언트와의 직접 미팅은 지양하는 편이에요. 주로 서포트 업무를 맡깁니다. 이때 SNS 콘텐츠 기획을 돕기도 하죠. 그렇게 수습기간이 끝나면 특정 브랜드를 담당하게 됩니다."

인하우스인 한국후지필름에서 3년째 일하고 있는 마케터에게도 최근 후임 한 명이 들어왔다. 그녀는 먼저 SNS 콘텐츠 기획을 맡았다고 했다. SNS는 압축적인 메시지를 전하기 때문이다. 그중에서도 상대적으로 콘텐츠를 만들기 쉬운 제품 사용기를 먼저 블로그에 올려 보도록 했다. 제품의 사용기만 제대로 쓸 수 있어도 채널의 성격에 크게 벗어나지 않는 콘텐츠가 나올 수 있기 때문이다.

> "제품을 주고 일단 먼저 사용해 보게 해요. 그리고나서 블로그에

후기를 한 번 써보라고 하죠. 어느 정도의 센스가 있는지 알아보기 위해서예요. 그렇게 차차 단계를 높여갑니다. 블로그 다음으로는 몰mall의 핵심적인 상품 구성과 설명을 담은 프로모션 페이지를 만들어 보라고 합니다. 이때 SNS의 타임라인에 어떤 워딩이 들어가면 좋을지를 함께 고민해 보도록 하기도 하죠. 자료조사도 많이 시킵니다. 테일러 스위프트 에디션의 경우 그녀의 팬들이 어디서 활동하고 있는지를 신입사원으로 하여금 찾아보게 했죠."

출처: 한국후지필름 인스타그램

카메라 제작에 참여한다는 것이 정말 멋졌거든요.   그 웃음, 따뜻한 포옹, 수 많은 축하들   Taylor Swi

론칭 전 타깃층이 유사한 다양한 채널과 협업하여 많은 인기를 끌어낸 테일러 스위프트 에디션

크록스의 마케터는 무엇보다 현장에 바로 투입할 수 있는 실무능력을 먼저 본다고 했다. 여기서 일반적인 국내 기업과 외국 기업의 특징이 극명하게 갈리고 있었다. 국내 기업은 정기적인 직무순환을 통해 다양한 업무 경험을 쌓을 수 있는 것이 장점이지만 이 경우 하나의 전문적인 직무 커리어를 완성하기는 현실적으로 쉽지 않다. 하지만 외국계 기업은 철저히 직무를 중심으로 사람을 선발한다고 했다. 만일 그 사람이 마케팅팀에 지원했다면 마케팅 커리어를 어떻게 쌓았는지가 채용의 가장 큰 핵심이라는 것이다.

> "외국계 회사에 입사를 준비하려면 직무 중심의 스토리를 만드
> 는 게 중요해요. 신입사원 레벨에서는 마케팅 관련 동아리 활동,
> 학회 및 창업 관련 경험이 필요하다고 생각해요. 대단한 성과나
> 수상을 하지 않았더라도, 다양한 사람들과 일해 본 경험은 내가
> 어떠한 강점과 약점을 가지고 있는지 파악하는 데 중요하더라고
> 요. 강점은 강화시키고 약점은 보완하면 회사생활을 더 잘할 수
> 있는 기반을 쌓을 수 있을 거예요."

크록스의 마케터는 자신이 어떤 사람과 일하고 싶은지, 어떤 사람
이 크록스라는 브랜드에 잘 어울리는지를 가장 중요하게 본다고 했
다. 외국계 기업은 직무를 중심으로 자신의 역량을 빠르게 펼칠 수 있
는 인재를 선호한다. 또한 글로벌 본사 및 다른 해외 지사들과 유기적
으로 연결되어 있기 때문에 글로벌 감각과 영어 소통 능력은 필수이
다. 특히 세계적인 기업의 '한국' 마케팅을 내가 담당하고 있다는 자부
심을 느끼고 싶은 마케터라면 언제든 추천한다고 말한다.

그렇다면 디지털 마케터로 일하기 위해 준비해야 할 것들에는 무
엇이 있을까? 7~8년 전만 해도 디지털 마케팅 하면 모두 우왕좌왕하
던 시절이 있었다. 그러나 지금은 콘텐츠와 퍼포먼스 마케팅 등으로
어느 정도 분화가 된 상태다. 그렇다 보니 지금은 그때보다 훨씬 더 많

은 노력을 기울여야 이 시장에 살아남을 수 있다고 캘러웨이의 디지털 마케터는 말하고 있다.

"지금 자신이 하고 싶은 일이 콘텐츠 기획인지, 퍼포먼스 마케팅인지, 그도 아니면 크리에이티브 디렉터인지 명확하게 하는 게 좋습니다. 제가 보기엔 지금도 많은 회사들이 저와 캘러웨이가 그랬던 것처럼 우왕좌왕 하고 있는 것처럼 보여요. 각각의 회사가 요구하는 마케터의 직무를 잘 알아보고 그 회사가 필요로 하는 역량을 갖출 수 있어야 합니다."

3 소비자,
그리고 일상에 대한 관심

"디지털 마케팅이 당장은 쉬워 보이고 재미있어 보이는 것도 사
실입니다. 하지만 소비의 차원에서 콘텐츠를 보지 말고, 그 콘텐
츠의 본질을 보면서 어떻게 만들어졌을까를 고민할 수 있어야 해
요. 회사에서 실행한 마케팅 활동들은 글씨 하나, 단어 하나도 허
투루 만들어진 것이 없거든요. 콘텐츠 하나하나에 수많은 고민
이 담겨 있어요. 그런데 마케터들이 다양한 콘텐츠를 그냥 보기
만 하고 지나치는 것을 볼 때면 많이 아쉬워요."

현대자동차의 마케터는 개인 차원의 미디어 경험은 실무에 크게
도움이 되지 않는다고 말했다. 개인 SNS를 많이 한다고 해서 실무를
잘하는 것이 아니라고 생각하기 때문이다. 일로써 접근하는 SNS와 개

인적인 용도의 SNS 활용은 전혀 다른 문제라고 했다. 그는 이 분야를 공부하고 싶은 주니어들에게 다음과 같은 메시지를 남겼다.

> "절대로 잘 안다고 생각하지 않았으면 좋겠어요. 개인 SNS는 본인이 좋아하는 것만 하게 마련이죠. 하지만 회사에서는 좋아하지 않는 것도 할 수 있어야 해요. 회사에서 전달하고자 하는 포인트와 고객이 보는 포인트에는 간극이 있을 수밖에 없어요. 중간 지점을 찾을 수 있는 능력이 필요한 거죠. 물론 그런 것들을 미리 준비하는 게 어려운 일이라는 것도 알아요. 사람들은 언제나 자신이 보고 싶은 것만을 보고, 쓰고 싶은 것만 쓰는 존재니까요. 하지만 실무에서는 보고 싶은 것만 보지 말고 다양한 것들에 관심을 가져야 합니다."

인터뷰가 지속될수록 결국 중요한 것은 '사람'이 아닌가라는 생각이 떠나지 않았다. 시장과 소비자에 대한 이해, 함께 일하는 상사와 동료에 대한 이해, 그리고 자기 자신에 대한 이해가 어떤 업에서든 가장 중요하기 때문이다. 예를 들어 LG가 개발한 '에어 스타일러'를 보자. 옷을 걸어만 두어도 살균은 물론 칼주름까지 잡아주는 스타일러의 탄생은 사람들의 일상을 치밀하게 연구하지 않고서는 결코 나올 수 없는 제품이다. 그야말로 세상에 없던, 새롭게 탄생한 제품이다. 비슷한 사례로는 김치냉장고인 '딤채'를 들 수 있다. 한국인의 식습관을 유심히 관찰하지 않았다면 이 제품 역시 시장에 나올 수 없었을 것이다.

이처럼 소비자에 대한, 일상에 대한 관심과 관찰은 디지털 마케터에게도 핵심적인 역량이다. 그리고 그 시작은 '왜 그럴까?'라는, 당연한 것에 대한 질문에서 시작되어야 한다. 익숙한 것에서 불편함을 찾아낼 수 있다면 '남다름'을 만들어 낼 수 있기 때문이다. 하지만 이 과정은 먼저 회사 내부의 인정과 설득이 선행되어야만 가능하다는 사실을 결코 잊어서는 안 된다. 그저 '기발한' 아이디어만으로는 변화를 만들어 낼 수 없다. 주변의 동료와 상사가 첫 고객이라는 마음가짐이 중요한 이유가 여기에 있다. 그렇다면 주변 사람들을 어떻게 설득할 수 있을까? 이 지점에서 몇몇 마케터는 현대자동차의 마케터와는 조금 다른 생각을 가지고 있었다. 개인의 영역에서 변화를 만들어 보여주는 것도 한 방법이 될 수 있다는 것이다.

"개인 SNS를 시작으로 기업으로 발전하는 사례는 우리 주변에서 흔치 않게 찾아볼 수 있어요. '오늘 뭐 먹지' 같은 채널은 음식을 좋아해 SNS 커뮤니티를 만들어 운영을 하다 하나의 기업으로 탄생한 사례이죠. 또 개인 유튜브 채널을 운영하다 전업 유튜버로 직종을 변경하는 사례도 적지 않듯이 SNS를 소비자 관점에서 이해하고 제작해 보는 연습은 디지털 마케터를 하려는 사람에게 필수불가결한 역량이 아닌가 싶어요."

실제로 우리가 만난 몇몇 디지털 마케터들은 자신이 좋아하는 커뮤니티와 SNS 채널(여행, 맛집, 도서 등)을 직접 운영하면서 작은 변화들

을 만들어 내고 있었다. 이렇게 개인적인 경험을 통해 아이디어 차원
이 아닌, 실제로 눈에 보이는 결과를 만들어 낼 수 있다면 내부 구성원
의 동의를 얻어내는 것도 한결 쉬울 것이다.

이처럼 개인의 역량을 회사의 목표와 소비자의 니즈에 접목시킬 수
있는 사람, 바로 이런 사람이 디지털 마케팅 영역에서 꼭 필요한 사람
이 아닐까? 물론 이런 사람은 그 어떤 곳에서도 환영받겠지만 말이다.

'오늘 뭐 먹지' 유튜브 채널

4장 어떤 디지털 마케터가 될 것인가

디지털 마케터의
직무

디지털 마케터는 어떤 일을 할까? 회사의 규모에 따라 다르겠지만 광고 에이전시의 경우도 일반 회사와 마찬가지로 기획, 제작, 개발, 경영 지원 등으로 업무를 세분화하여 운영하고 있다. 여기서는 에이전시에서 주로 담당하는 마케터의 직무에 대해 알아보자.

AE(광고기획자)

A(에?) E(이거까지 제가 해요?)라며 볼멘소리를 많이 하지만 회사의 모든 업무를 총괄적으로 지휘·감독하는 기획자·마케터를 말한다. 최근에는 마케터의 핵심 역할이 커뮤니케이션으로 바뀌다 보니 이런 농담 섞인 말이 나올 정도이다. AE Account Executive는 CP Communication Planner라고도 불리우는데, 브랜드나 상품 및 서비스에 대한 마케팅 방향과 전략 수립

에서부터 실제 마케팅 실행까지의 전체적인 관리와 감독업무를 담당하고 있다.

AE에게는 고객사와 업무를 조율하는 역할과 함께 브랜드를 분석하고 새로운 방향을 제시하는 아이디어와 전략 능력이 요구된다. 또한 그 아이디어를 실현할 수 있도록 광고매체팀, 디자인팀, 영상 프로덕션, 개발팀 등 내부의 다양한 부서와 업무를 조율하는 역할도 수행한다.

MP(미디어 플래너)

광고 전반을 다루는 역할을 하며, 주어진 예산을 가지고 어떤 광고매체에 집행할 때 가장 효과적인지를 기획하고 제안한다. 예를 들어 영상을 제작한 후 2,000만 원의 광고를 집행한다고 할 때 적정한 매체를 선정하여 그에 맞는 미디어믹스를 산정하여 집행하는 것이다. 즉, 예산 대비 가장 효과적인 매체를 선정하여 최적의 효과를 내야 하는 역할이다.

보통 미디어 플래너를 두는 회사는 많지 않으며, 보통 랩사에게 맡기는 경우가 많다. 여기서 랩사란 특정매체(네이버, 구글, 페이스북, 카카오 등)의 광고를 매체사를 대신하여 광고주나 대행사에 판매하는 광고 판매 대행사를 말한다.

CD(크리에이티브 디렉터) & CW(카피라이터)

디지털 마케팅에서만 한정된 직무는 아니지만 광고 직무에서 빠지지 않는 직무인 크리에이티브 디렉터는 광고 제작과 크리에이티브팀을 책임지고 관리하는 제작팀의 총체적인 지휘자다.

보통 AE가 광고주에게 광고할 제품에 대한 오리엔테이션을 받아오면 CD, AE, 미디어 플래너가 모여 전략회의를 진행한다. 이때 시장 상황, 소비자 분석, 광고주의 성향, 경쟁사, 매체 등을 점검하는데, 여기서 CD의 주된 역할은 브랜드나 제품의 속성을 발견하고 전달할 이미지와 메시지를 아이디어화 하는 것이다. 이러한 아이디어를 통해 전체 캠페인 틀과 영상, 이미지 등 다양한 부문을 함께 고민하고 제안한다.

카피라이터는 광고의 글귀를 만드는 사람으로, 디지털 마케팅에서는 SNS 콘텐츠 및 매체에 들어가는 이벤트 등의 카피를 작성한다. 카피라이터가 없는 회사의 경우 AE가 해당 역할을 하게 된다.

퍼포먼스 마케터(그로스 해커)

퍼포먼스 마케터는 디지털 마케팅 시장이 점차 확대됨에 따라 중요해진 역할 중 하나다. 주로 매출 전환에 필요한 데이터를 수시로 확인하는 역할을 한다. 여러 플랫폼에 다양한 경로로 노출한 콘텐츠를 통해 웹사이트 또는 쇼핑몰 등에 유입된 고객들을 분석하고 개선하는 것이 주된 역할이다. 소셜미디어 시장에서 브랜드 인지도가 아니라 광고로 매출 전환의 효과를 본 기업들이 많아짐에 따라 중요성이 날로 높아지고 있다.

그로스 해커는 비즈니스의 핵심성과지표를 지속적으로 성장시키는 사람을 말한다. 단순히 광고에 대한 성과를 측정하는 것이 아니라 새로운 방법으로 높은 성장을 추구하는 역할을 한다. 제품이나 서비스의 생산과정부터 충성고객 유지 단계까지의 성과를 창출하는데 광고가 어떻게 사용되는지에 초점을 맞춘 실험 기반의 역할을 시도하는 것이라 볼 수 있다.

PART 2

디지털 마케터, MZ세대를 만나다

1장

밀레니얼 세대가
바꿔 놓은 세상

1   소비자의
'자기다움'을 공략하다

버버리, 화려한 부활의 비밀을 찾아서

1990년대 말, 전통의 명품 브랜드 '버버리BURBERRY'는 시련의 시기를 겪고 있었다. 영국의 훌리건들은 버버리를 자신들의 상징으로 이용하고 있었고, 고유한 버버리만의 로고는 싸구려 셔츠와 야구모자에 마구잡이로 사용되고 있었다. 심지어 코카인에 중독된 어느 여배우는 버버리의 제품으로 자신의 몸을 감싸고 다니기까지 했다. 의회민주주의, 스카치 위스키와 함께 영국의 상징으로 군림하던 버버리의 몰락을 바라보는 많은 이들의 마음은 참담했다. 지나친 대중화로 인해 제품의 명성은 끝을 모르고 추락하고 있었고, 무리한 사업 다각화로 인해 브랜드 이미지도 회복하기 힘들 정도로 훼손되고 있었다.

2006년, 버버리는 브랜드의 부활을 위해 결단을 내렸다. CEO를 교체한 것이다. 새로운 CEO는 미국 의류 브랜드인 '리즈 클레이본'의 부사장 안젤라 아렌츠였다. 그해 7월, 안젤라 아렌츠는 첫 임원회의를 주최했다. 그날은 코트가 어울리는 습하고 으슬으슬한 날씨였다. 하지만 트렌치코트를 입고 나온 임원은 아무도 없었다. 그녀는 뭔가 대단히 잘못되었다고 생각했다. 회사의 임원들마저도 외면하는 트렌치코트를 어떻게 고객들에게 팔 수 있을까?

당시만 해도 세계의 명품시장은 각각의 브랜드들이 매장을 확대하며 빠른 성장세를 기록하던 때였다. 그러나 버버리만은 달랐다. 해마다 겨우 평균 2%의 성장에 그치고 있을 뿐이었다. 그녀는 우선 트렌치코트에 주목했다. 영국다움Britishness를 보여줄 수 있는 최고의 아이템이라고 생각했기 때문이다. 그리고 명품업계의 그 누구도 메인 타깃으로 삼지 않았던 '밀레니얼 세대Millennials'에 눈을 돌렸다. 당장은 소비 여력이 떨어진다 해도, 자신의 개성을 극대화할 수 있는 제품에는 열광적인 반응을 보이는 이들에게 희망을 걸어보기로 한 것이다.

밀레니얼 세대를 겨냥해 62년 만에 로고를 바꾼 버버리(전, 후)

안젤라 아렌츠는 이들의 마음을 사로잡는 것이 여타의 명품과 버버리를 차별화하는 가장 확실한 방법이라고 생각했다. 이를 위해 버버리는 스스로를 '데모크라틱 럭셔리Democratic Luxury'로 새롭게 정의했다. 언제 어디서든 누구라도 쉽게 접근하고 소유할 수 있는 명품이 되겠다는 의미였다. 이를 위해 전체 마케팅 비용 중 60%를 디지털 미디어에 투자하며, 45개국에서 쇼핑이 가능하고, 6개 언어를 지원하는 웹사이트를 새롭게 개설했다.

24시간 내내 전화와 채팅을 통해 제품의 문의와 주문이 가능한 시스템도 새롭게 갖추었다. 또 120만 개의 개인 맞춤형 서비스가 가능한 '비스포크' 서비스를 통해 각각의 소비자가 원하는 스타일의 트렌치코트를 직접 디자인하고 주문할 수 있게 했다. 페이스북, 유튜브, 인스타그램과 같은 다양한 소셜 채널도 새롭게 오픈했다. 그리고 '아트 오브 더 트렌치Art of the Trench'라는 소셜미디어를 별도로 개설해 전 세계 소비자들이 버버리의 제품을 입은 사진과 스토리를 실시간으로 공유할 수 있게 했다.

성과는 눈부셨다. 2009년, 버버리의 영업이익은 마침내 흑자로 돌아섰고, 주가는 165%나 상승했다. 2007년 8억 5천만 파운드에 불과했던 매출은 2017년 27억 3,300만 파운드로 폭발적으로 증가했다. 2012년 인터브랜드는 럭셔리 브랜드 중 가장 빠르게 성장한 브랜드로 버버리를 선정했다. 가장 올드한 브랜드로 여겨지던 버버리가 밀레니얼 세대의 마음을 사로잡는 최고의 럭셔리 브랜드로 거듭나는 순간이었다.

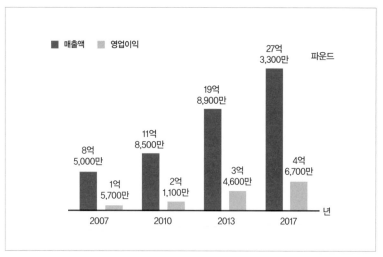

디지털 혁신과 함께 대대적인 브랜드 리뉴얼로 경영혁신을 이룬 버버리

밀레니얼 세대의 '자기다움'을 공략하다

　　광고의 시대가 있었다. TV와 라디오, 신문과 잡지에 광고를 내는 것만으로 모든 마케팅 활동이 끝나는 시대였다. 잘 만들어진 CF 한 편이 융단폭격처럼 소비자들의 마음에 내리꽂히면 별다른 노력 없이도 제품이 팔려나갔다. 그러나 시대는 변했다. 모든 제품의 품질은 상향 평준화되었고 기존의 TV와 라디오 광고시장은 쇠락의 길을 달리고 있다. 유튜브를 비롯한 디지털 매체들이 그 자리를 대신하고 있다.

　　영리한 버버리는 이러한 변화를 미리 감지하고 있었다. 새로운 시대의 소비계층은 기존의 고객과 달랐다. 그들은 무엇보다 '자기다움'을 적극적으로 표현하는데 능숙한 세대였다. 또 그들만의 방식으로 정보를 입수하고 제품을 소비하는 세대였다. 버버리는 이들과의 소통을 위해 회사 자체를 '디지털 미디어 컴퍼니'로 바꾸는 데 총력을 쏟았다.

버버리는 우선 생산과 판매를 위한 시스템 및 프로세스를 디지털 방식으로 통합했다. 그 과정에서 취합된 고객 데이터를 통합분석하여 고객 마케팅에 활용했다. 실시간 애널리틱스 소프트웨어를 활용해 고객의 구매기록과 소셜미디어 사용, 패션 트렌드 탐색 및 매장 방문 기록 등 다양한 데이터를 분석했다. 그 결과 개인화된 맞춤 서비스는 물론이고, 고객이 어디서 어떤 종류의 제품을 구매했는지를 실시간으로 파악해 매장 내 고객 지원에 매우 유용하게 활용할 수 있었다. 2016년에는 리테일 엑셀런트 프로그램을 통해 매장 운영 프로그램 및 디지털 세일즈 툴을 향상시키고 고객 로열티 및 제품 타깃팅에 활용했다. 이를 위해 버버리는 2017년에만 약 10억 파운드를 디지털 분야에 투자했다. 버버리의 화려한 부활은 시대의 변화를 읽은 혜안과 치밀한 계획, 과감한 투자가 맞물려 만들어 낸 놀라운 성공의 기록이었다.

애플TV, 트위터 등 SNS 플랫폼과 협업을 통해 상품 판매, 컬렉션 라이브 생중계를 진행한 버버리

1장 밀레니얼 세대가 바꿔 놓은 세상

새로운 소비자와 소통하는 방법

변화란 어려운 것이다. 멈춰 있는 책상을 움직이려면 처음엔 엄청난 힘을 주어야만 한다. 하지만 한 번 움직인 책상은 작은 힘으로도 밀 수 있다. 이처럼 멈춰 있는 책상을 고정하는 '정지 마찰력'을 깨기 위해선 어마어마한 에너지가 필요하다. 수많은 브랜드들이 디지털 마케팅의 도입을 놓고 겪는 어려움과 고민은 바로 여기서부터다. 명품 브랜드인 버버리의 고민도 이와 크게 다르지 않았다. 자신들과 달리 가파르게 성장하고 있던 다른 럭셔리 브랜드와의 차별화가 그 무엇보다도 시급했다. 이를 위해 안젤라 아렌츠는 가장 먼저 브랜드의 핵심가치Core Value를 발견하는 일에 온 힘을 쏟았다. 그 결과 '가장 영국적인 것이 가장 버버리답다'는 결론에 다다른다. 아렌츠는 모든 전략을 영국을 상징하는 트렌치코트를 중심으로 짜기로 했다. 트렌치코트 안에 버버리의 모든 핵심요소가 담겨 있다고 판단한 것이다.

많은 이들이 브랜드 마케팅을 '방법론'으로만 이해한다. 어떤 소셜 채널을 개설할지, 어떤 분석 도구를 활용할지에만 매달린다. 남들이 하니까 따라 한다는 지극히 수동적인 자세로 받아들인다. 하지만 버버리가 디지털 미디어 컴퍼니로 화려하게 거듭날 수 있었던 것은 자사 브랜드의 핵심가치에 대한 이해가 선행되었기 때문이다. 그들은 그것을 '영국다움'으로 이해했고, 그다음으로 이 핵심가치를 소비해 줄 새로운 소비자들을 찾아 나섰다. 우리가 익히 알다시피 그들은 밀레니얼 세대였다. 버버리는 이들과 소통할 방법이 필요했고, 바로 그 소통

출처 : 뜨뜨리 홈페이지

트렌치코트를 중심으로 밀레니얼의 마음을 사고 있는 버버리

의 방법이 다름 아닌 '디지털'이었다. 다만 그들에게 디지털은 그 자체로 '목적'이 아니었다. 버버리의 차별화를 위한 '도구'이자 새로운 타깃과 소통하기 위한 '방법론'일 뿐이었다. 데이터는 숫자일 뿐이고, 이 데이터를 해석하는 것은 사람의 영역이라는 것을 명확히 한 것이다.

밀레니얼 세대는 무엇을 필요로 하는가? 어떤 방식으로 제품과 서비스의 정보를 입수하고 구매하는가? 바이럴은 어떻게 일어나는가? 디지털 마케팅에서 진정으로 필요한 것은 바로 그 숫자 뒤에 숨은 인간의 욕망을 읽어내는 것이다. 버버리가 성공한 이유는 바로 그 비밀을 이해하고 생산과 판매, 마케팅의 전 과정에 적용했기 때문이다.

1장 밀레니얼 세대가 바꿔 놓은 세상

2 그들의 마음을 읽고,
그들의 언어로 이해하기

《죽고 싶지만 떡볶이는 먹고 싶어》라는 제목의 책이 있다. 아이러니다. 죽고 싶은데 떡볶이가 먹고 싶다니. 제목에 끌려 샀으나 빼곡히 적은 본문의 상담 내용이 쉽게 와닿지 않았다. 오히려 완독했던 책은 요조가 쓴 《아무튼, 떡볶이》였다. 이유를 막론하고 떡볶이를 좋아하는 사람들이라면 고개를 끄덕일 만한 내용이었다. 그런데 문득 이런 생각이 들었다. '사는데 꼭 거창한 이유 따위가 군이 필요할까?' 밤새 죽을 듯이 고민하다가도 새빨갛게 매운 떡볶이를 먹으며 만족과 안도를 느끼는 사람들, 어쩌면 그들이 바로 '밀레니얼 세대'라 불리는 그들이 아닐까 싶었다.

기성세대들이 《죽음의 수용소에서》나 《죽음이란 무엇인가》를 읽으며 고개를 끄덕였다면, 요즘 세대들은 무거운 주제도 가볍게 풀어낼

줄 아는 여유와 여백을 가진 듯 보인다. 일견 모순처럼 보이지만 죽고 싶을 때도 떡볶이가 먹고 싶을 수 있는 것이다. 이 말이 밀레니얼 세대를 이해하는 열쇠일지도 모른다는 그런 생각이 들었다.

재미가 있으면 지갑을 연다

'스푼라디오'라는 서비스가 있다. 쉽게 말해 '아프리카TV'의 라디오 버전이다. 누구나 채널을 개설해 라디오 생방송을 진행할 수 있다. 2016년, 서비스를 오픈한 이래 누적 다운로드 수만 1,500만 회, 활성 사용자 수 220만 명, 매일 생산되는 오디오 콘텐츠는 10만 개에 이른다. 2017년 인도네시아와 베트남을 시작으로 일본과 중동 등 5개 국은 물론 미국에까지 순차적으로 진출했다. 일본 시장에서는 전체

오디오 라이브 방송 플랫폼, 스푼

오디오 라이브 앱 1위를 기록하고 있다. 매출 성장세는 더 놀랍다. 첫해 7,000만 원에 불과했던 매출이 2019년에는 무려 486억 원을 달성했다. 2019년 12월에는 450억 원의 신규 투자를 받았다.

'스푸너'로 불리는 DJ들은 오디오 방송을 오픈해 일상을 이야기하거나 노래를 부른다. 각 방송의 청취자들은 스티커를 통해 방송 진행자를 후원할 수 있다. 일부 인기 스푸너들은 월 1억 원 이상의 수입을 올리고 성대한 팬 미팅을 열기도 한다.

스푼라디오의 메인 타깃은 10대부터 20대 중반까지다. 디지털 네이티브로 불리는 이 세대는 양방향 커뮤니케이션을 즐긴다. 하지만 유튜브에 얼굴이 나오는 것도 싫고, 자신이 누구인지 드러나는 페이스북도 부담스럽다. 이들의 특징은 연결되고는 싶지만 노출은 원하지 않는다는 것이다. 이런 그들에게 '라디오'는 그 개념 자체가 '신문물'이었다. 누군가에겐 추억 속에나 등장할 이 낡은 서비스가 젊은 층들에게는 오히려 생소하고 새로웠던 것이다. 그래서인지 젊은 층의 취향에 맞는 엔터테인먼트적인 콘텐츠가 주를 이룬다. 시사, 정치 등이 위주인 팟캐스트와 뚜렷이 구분되는 지점이다.

"TV가 유튜브로 바뀌었는데, 라디오의 다음 세대는 뭘까?"

이 작은 질문 하나가 3,000억 원대의 기업가치를 인정받는 오디오 라이브 앱 서비스를 만들어 낸 것이다. 30대 이상이 주로 듣는 팟캐스트는 인기는 많지만 돈이 되지는 않는다. FM이라는 공짜 라디오 서비스를 향유하던 세대가 지갑을 열지 않기 때문이다. 하지만 지금의 10~20대는 아프리카TV를 보며 자라난 세대다. 그들은 재미가 있으면 지갑을 연다. 하지만 라디오가 주는 아날로그적인 감성을 느껴본 적이 없다. 스푼라디오는 이 친구들이 선호하는 양방향 소통, 생방송 등을 추가해 라디오를 재해석하면 가능성이 있다고 보았다. 그리고 그 예측은 적중했다. 죽고 싶지만 떡볶이는 먹고 싶었던 세대들에게 그들의 고민을, 그들의 방법으로 해소할 수 있는 소통의 공간이 주어진 셈이다. 그것도 전에 없던 새로운 서비스가 아니라 기존에 있었던 FM 라디오를 재해석하는 것만으로 말이다.

그들의 마음을 읽어내고 그들의 언어로 대화하라

기성세대들은 죽고 싶다고 말하는 이들을 만나면 어떤 반응을 보일까? 아마도 자신의 어려운 시절을 구구절절 늘어놓으며 "라떼는 말이야"로 시작되는 나름의 해법을 열심히 늘어놓지 않을까? 하지만 밀레니얼 세대는 묵묵히 그들의 말을 다 들어준 후에 "떡볶이 먹으러 가자"며 손목을 잡아끌지도 모르겠다. 어쩌면 스푼라디오는 죽고 싶지만 떡볶이를 먹고 싶어 하는 이들을 위한 라디오 방송일지도 모른다. 이름도 얼굴도 나이도 모르지만 자신의 고민을 마음껏 털어놓거나 들을 수 있는 공감의 플랫폼인 것이다.

정말로 많은 이들이 밀레니얼 세대를 이야기한다. 하지만 그들의 '진심'을 읽어내고 '소통'하는 서비스는 그다지 많지 않다. 그래서 누군가는 책의 제목만으로도 그들과의 교감에 성공하기도 하고, 오래된 라디오 서비스를 재해석해 새로운 소통의 장을 만들어 내기도 한다. 스푼라디오의 성공을 서비스나 기술력만으로 판단할 수 없는 이유가 여기에 있다. 그것이 의도한 것이었든 우연이든 그건 중요치 않다. 그들의 마음을 읽어내고 그들의 언어로 대화할 수 있느냐가 더 중요하다. 죽고 싶지만 떡볶이를 먹고 싶어 하는 이들의 손을 잡아끌 수 있는 그런 마음 말이다.

3 영리한 소비자를 상대하는 방법

닥터자르트의 디지털 마케터 역시 MZ세대를 어떻게 공략할지에 대해 많은 고민을 하고 있었다. 디지털 마케팅이 일반화되기 이전에는 자사 제품의 어떤 성분이 좋은지, 타사 제품에 비해 어떤 효과가 월등한지를 말하는 것만으로 충분했다. 소비자들 역시 특정 제품에 대해 분명히 원하는 무언가가 있었다. 그러나 지금은 다르다. 지금의 소비자들은 이전보다 훨씬 전문적인 정보를 쉽게 얻는다. 화장품의 성분 체크와 사용 후기도 전문가를 능가할 정도다. 다름 아닌 MZ세대의 특징이다. 그렇다 보니 이런 영리한 소비자들을 대하는 태도가 브랜드의 흥망성쇠를 결정짓는다. 바야흐로 이들에 의한 연결의 시대가 도래했기 때문이다.

"기존에는 우리 제품이 뭐가 좋은지, 타사 제품에 비해 무엇이 월등한지만 말하면 됐어요. 하지만 지금은 달라요. 일방적인 주입식 광고가 아니라 소비자들이 뭘 궁금해 하는지에 대한 대답을 줄 수 있어야 해요. 같은 콘텐츠라도 새로운 방식으로 다르게 말할 수 있어야 하죠."

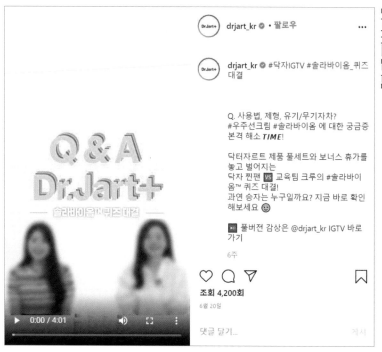

소비자들의 궁금증에 닥터자르트 직원이 직접 나서 대답해 주는 닥터자르트의 콘텐츠

그녀는 차라리 성분 얘기를 하는 과거의 마케팅이 훨씬 쉬웠다고 말한다. 팩트만 전달하면 되었기 때문이다. 하지만 지금은 그렇지 않

다. 소비자들은 같은 제품이라도 주관적인 사용 경험을 가지게 마련이다. 똑같은 제품을 써도 누구에겐 맞고 또 다른 누군가는 맞지 않을 수 있다는 말이다. 특히 지금은 개별적이고 즉각적인 커뮤니케이션이 가능한 시대다. 같은 리뷰를 남겨도 댓글이 달리는 리뷰는 따로 있다. 실제로 제품을 직접 써본 듯한 리뷰, 진정성이 느껴지는 리뷰 등이 그렇다. 이 시대에 필요한 콘텐츠는 이런 살아 있는 댓글들이 만들고 있는 것이다. 그렇다면 가장 닥터자르트다운 마케팅을 위해 필요한 것은 무엇일까? 무엇이 그들을 만여 개에 가까운 화장품 브랜드들 가운데서 생존과 성장을 가능하게 만들었을까?

"예전에는 입소문이 나는 브랜드는 대부분 대기업 제품들이었어요. 그리고 당시 닥터자르트는 아주 작은 브랜드였죠. 그러다 SNS를 통해 BB크림이 사랑을 받으면서 성장을 했어요. 가장 큰 성장의 원동력은 바로 제품에 있었던 거죠. 거기에 하나 더 추가한다면 눈에 띄는 비주얼적인 개성이 부스팅을 해준 거죠. 화장품 매장에 들어가면 비주얼적으로 임팩트 있는 제품은 닥터자르트밖에 없었으니까요."

닥터자르트처럼 작지만 강한 브랜드들은 과거에도 존재했다. 하지만 과거의 스몰 브랜드들은 명확한 차별화 포인트를 가지고 있었음에도 대중들에게 주목을 받지 못했다. 그러나 지금은 다르다. 이런 스몰 브랜드들이 마켓 내 주요 플레이어로 자리 잡아가고 있다. 한때는 트

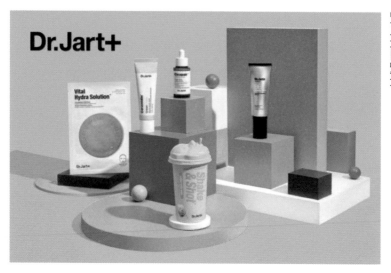

패키징으로 개성을 더한 닥터자르트 제품

렌드에 민감한 소수의 사람들만 선택했던 스몰 브랜드가 이제는 앞서
가는 라이프스타일의 상징처럼 여겨지며 점점 대중화되고 있는 것이
다. 그 변화의 이면에는 '자기다움'을 적극적으로 표현하는 MZ세대가
있었기에 가능했다.

이제 대기업에서 운영하는 마트보다 마켓컬리에서 물건을 사고,
대형 프랜차이즈 베이커리 대신 프릳츠fritz의 빵과 커피를 찾는 소비자
들을 발견하는 것은 그리 어렵지 않다. 소셜미디어를 비롯한 디지털
이 가진 힘 때문이다. 글로시에의 에밀리 와이즈가 말한 대로 지금은
개인의 힘이 그 어느 때보다 중요하고 강력한 시대다. 이들은 회사의
명성과 브랜드의 크기에 따라 소비하지 않는다. 자신만의 기준에 따
라 소비하는 데 익숙하다. 작은 브랜드들이 가진 가치를 알아보고 기

꺼이 지갑을 열기 때문이다. 그런 의미에서 디지털 마케터들의 역할이 더욱 커진 것은 두말할 필요도 없다. 영리한 소비자를 상대하기 위해 더욱 스마트해져야 하기 때문이다.

작지만 강한
스몰 브랜드

요즘의 밀레니얼 세대는 스마트폰과 SNS를 통해 새로운 자아를 만들어 내고 있다. 개성과 취향을 가득 담아 직접 '만들어 낸' 자아를 통해 '자기다움'을 드러내기를 원한다. 이같은 밀레니얼 세대의 특징은 소비성향에서도 그대로 반영된다. 과거와 달리 지금은 그 누구도 알지 못하는 나만의 공간과 브랜드를 소비하는 게 대세다. 남들과는 차별화된 소비를 하고 이를 SNS에 공유하면서 느끼는 만족감을 매우 중요시한다. 특별한 맛을 찾아다니는 '미각 노마드Gastro-nomad'야말로 밀레니얼 세대의 소비를 그대로 묘사하는 단어다.

이처럼 밀레니얼 세대가 차별화된 브랜드를 선호하면서 자연스럽게 빅 브랜드가 아닌 스몰 브랜드의 시대로 옮겨가고 있다. 소득 1만 달러 시대에는 누구나 원하는 '메가 브랜드'로 행복의 목표를 달성했다면, 소득 3만 달러의 시대에는 '유니크 브랜드'로 개인의 행복을 보여주는 것이 더 중요한 가치가 된 것이다. 20세기 마케팅의 키워드가 '니즈Needs'였다면, 21세기의 키워드는 '원츠Wants'인 것이다.

1 | 방유당

40여 년간 기름집을 운영해 온 아버지의 사업을 물려받아 디자이너 출신의 딸이 로스터리 방앗간 콘셉트를 도입해 리뉴얼한 브랜드다. 한쪽에서는 방유당 참기름을 이용해 다양한 요리를 선보이고 제품도 판매한다. 카페를 연상시키는 매장과 소비자의 불편까지 고려한 디자인으로 웬만한 대기업 브랜드 제품보다 훨씬 더 고가에 팔리고 있다.

2 | 프릳츠

최고의 커피와 빵 전문가가 만나 전혀 새로운 공간을 만들어 낸 카페다. 국내에서는 찾기 힘든 스페셜티 원두만을 쓰면서도 80~90년대 정서 가득한 카페와 골목 깊숙이 숨은 공간을 찾아내 재해석하는 과정을 통해 이들만의 유니크한 매장을 만들어 냈다. 아울러 직원 중심의 운영이라는 내부 브랜딩 과정을 통해 수많은 카페 브랜드 중에서도 단연 돋보이는 존재감을 자랑하는 곳이 바로 이곳 '프릳츠'다.

3 | 앤트러사이트

앤트러사이트 합정점은 오래된 신발공장 자리를 그대로 보존하며 그 공간을 커피로 채워냈다. 반면 제주 한림점은 햇빛, 식물, 돌 등의 자연을 만끽하며 커피를 함께 경험할 수 있도록 만들어졌다. 대형 프랜차이즈 커피전문점에서는 결코 할 수 없는 이야기, 공간에 대한 실험적인 해석이 이 카페만의 차별화 요소다. 이들은 자기만의 커피 경험

을 제공하는 과정을 통해 소비자들에게 커피를 대하는 태도를 전하고 있다.

4 | 금옥당

어떻게 하면 덜 단 양갱을 만들 수 있을까? 금옥당의 김현우 대표는 이런 고민을 통해 젤리 같은 일본식 양갱 대신 덜 달고 씹는 맛이 있는 한국식 양갱을 개발했다. 100번 이상의 테스트를 거쳐 엄선한 호두, 통팥 맛과 함께 밀크티, 라즈베리, 녹차 맛 등 16가지 맛을 새롭게 만들어 냈다. 국내산 팥으로 직접 쑨 단팥죽, 찹쌀떡, 쌍화차 등 철저히 한국적인 메뉴도 함께 선보였다. 아울러 그 철학을 완성시킨 것이 바로 감각적인 패키지 디자인이다. 양갱에 들어간 재료를 모티브로 한 패키지 디자인은 20대 초반의 젊은 층까지 양갱의 세대를 확장하는 데 큰 역할을 했다.

5 | 알엑스바RXBAR

치열한 미국의 에너지바 시장에 후발주자로 뛰어든 알엑스바는 합성 첨가물이 없는 정직한 원료를 내세우며 야심차게 등장했다. 하지만 런칭 초기, 큰 주목을 받지 못했다. 이에 알엑스바는 파격적인 패키지 디자인으로 승부수를 던졌다. 자신들의 강점인 '원료'를 극단적으로 강조하며 노출하는 디자인이었다. '원료'에 대한 정보를 크게, 굵게, 대담하게 직관적으로 표기한 디자인은 시장에서 큰 반향을 불러일으켰다. 이와 같은 패키지 디자인은 정직한 원료를 추구하는 알엑스바의 브랜드 가치를 확실하게 드러내며 시장에 안착할 수 있었다.

6 | 북저널리즘

종이책을 읽는 것이 특별하게 여겨지는 시기에 새롭게 등장한 이른바 미디어 스타트업이다. '책처럼 깊이 있게, 뉴스처럼 빠르게'라는 컨셉으로, 다양한 이슈와 주제를 종이책과 웹 콘텐츠로 함께 제공한다. 첫 호 〈넷플릭스하다〉 이후 〈블루보틀〉 〈미래의 교육〉 〈을지로〉 〈버닝맨〉

〈독립술집〉 등 흥미로운 주제들을 새로운 관점과 탄탄한 기획력으로 전달한다. 이들이 선정하는 콘텐츠의 리스트만 보더라도 지금의 주요한 키워드는 물론 소비자들의 관심사를 쉽게 짐작할 수 있을 정도다.

2장

밀레니얼 세대의
자기다움

1   새로움과 독특함을
　　　추구하다

　　　1952년에 태어나 60세가 넘은 고령(?)의 나이에도 불구하고 최근 1020세대들에게 뜨거운 관심을 받고 있는 브랜드가 있다. 바로 대한제분의 밀가루 브랜드인 '곰표'이다. 최근 곰표는 노후화된 브랜드를 재활성화하기 위해 젊은 감성이 가득한 온라인 박물관 '곰표 베이커리 하우스'를 오픈했다. 이곳에서는 곰표의 오래된 역사를 소개함과 동시에 메모지, 스케치북, 연습장, 에코백, 선크림 등 곰표의 로고가 새겨진 다양한 굿즈를 판매하고 있다. 또한 세대를 아우르는 흥미로운 이벤트를 지속적으로 개최하며 뜨거운 반응을 얻고 있다. 곰표 레전드 마켓에서는 집에 있는 곰표의 옛날 제품들을 가져오면 전문가들이 가격을 매긴 후 매입하기도 하고, 매일 럭키백 100개씩을 100원에 파는 이벤트를 진행하기도 한다.

곰표는 진부한 브랜드였다. 하지만 그 말은 곧 역사와 전통을 가진 브랜드라는 말이기도 했다. 곰표의 마케터는 이 점에 집중했다. 이들이 만든 에코백에는 곰표의 상징인 북극곰이 그려져 있다. 멸종 위기의 북극곰을 돕기 위한 에코백만큼 어울리는 스토리가 또 있을까? 좋은 브랜드는 좋은 스토리를 가진 브랜드다. 그것이 인위적이지 않을 때 더욱 강력하다. 디지털 마케터들이 할 일은 이러한 차별화된 스토리를 찾아 적절한 타깃에 전달하는 것이다. 곰표의 경우도 그 대상은 다름 아닌 밀레니얼 세대였다. 제품의 스펙과 서비스의 질로 승부하는 시대는 이미 지났다. 밀레니얼 세대들은 새로움과 독특함에 열광한다. 자신들만의 방식으로 소통하는 브랜드에 열광하는 것이다.

곰표 베이커리 홈페이지

한국후지필름 역시 곰표와 크게 다르지 않은 고민을 하고 있었다.

"인스탁스는 이제 누구나 아는 제품군이 되었죠. 그래서 10대를 잠재고객으로 삼고 타깃을 확대하는 중이에요. 그 친구들은 인스탁스를 폴라로이드처럼 알고 있어요. 폴라로이드의 존재를 아는 20~30대와는 확실히 다른 타깃이기 때문이에요."

한국후지필름의 마케터 역시 최근 신상품 '인스탁스 미니 11'을 론칭하며 새롭게 타깃팅을 했다. 특히 코로나19라는 위기 상황 속에서 야외활동이 어렵다는 점을 인지해 실내에서 놀 수 있는 '나만의 장난감'이라는 아이디어로 포커싱해 다가갔다. 타깃은 구매력이 있는 20대와 잠재고객인 10대에 맞췄다.

인스탁스를 즐길 수 있는 다양한 방법을 알려주는 인스탁스 인스타그램

최근 10~20대에게 유행인 '다꾸'(다이어리 꾸미기)라는 포인트를 찾아내 '인꾸'(인스탁스 꾸미기)라는 컨셉으로 소비자에게 접근한 것이다. 여기에 기존의 인스탁스 필름지를 꾸미는 것을 넘어 인스탁스 제품 자

 안에 표시된 텍스트는 이미지 일부입니다.

체를 꾸며보자는 캠페인으로 확장했다. 이를 위해 인꾸에 대한 가이드 콘텐츠를 만들었으며 제품 구매시 인꾸를 할 수 있는 패키지도 구성했다. 결과는 성공적이었다. 소비자들은 '인꾸'를 하나의 놀이라고 인식했고, 인꾸에 매력을 느낀 소비자들의 구매욕구를 불러일으킨 것이다.

이처럼 새로움과 독특함을 느낄 수 있는 소비자를 찾아가는 것과 소비자가 제품을 새롭게 인식할 수 있게끔 만드는 정확한 타깃팅과 포지셔닝 또한 디지털 마케터의 중요한 일이라고 할 수 있다.

'인꾸'를 하고 싶게 만드는 인스탁스의 인스타그램 포스팅

<u>2</u> 그들은 왜
'시현하다'를 찾을까?

밀레니얼 세대와의 소통에서 가장 중요한 것은 공감이다. 자신들만의 언어로 표현하고 소통하고 싶어 하는 그들의 코드를 읽을 줄 알아야 한다. 그리고 이것을 마케팅에 적용할 수 있어야 한다. 하지만 세대의 공감을 얻는 방법은 타깃에 따라 다를 수밖에 없다.

영화 〈극한직업〉은 퇴직 위기에 놓인 만년 경찰반장이 동료들과 함께 치킨집 운영이라는 투잡을 하며 범인을 잡는 이야기다. 단순히 경찰이 범인 잡는 이야기에 '아재개그'식 코미디만 삽입했다면 큰 인기를 얻기는 힘들었을지 모른다. 하지만 이 영화에는 플러스 알파가 있었다. 직장에서 인정받지 못하는 회사원, 치킨집 대박을 꿈꾸며 창업 전선에 뛰어든 소상공인 등 대중이 공감할 만한 요소들이 스토리의 뼈대를 이루고 있었다. 곳곳에 근로시간, 프랜차이즈 본사 갑질 등 현실성 있는 대사를 유머러스하게 삽입했다. 막연히 뜬구름 잡는 이야기가 아니라 지금 이 땅에서 벌어지고 있는 현실의 풍자임을 주지시킨 것이다. 이처럼 소비자와 교감할 수 있는 능력은 이제 디지털 마케터들에게도 필요충분조건이 되어 버린 지 오래다.

'시현하다'의 브랜드와 포트폴리오가 정리되어 있는 시현하다 홈페이지

'시현하다'라는 이름의 사진관은 증명사진만을 전문으로 찍는 곳이다. 이곳에서 찍는 증명사진은 배경에 컬러를 넣는 것이 특징이다. 고객과 가장 잘 어울리는 배경과 표정만으로도 전혀 다른 사진이 나온다. '시현하다'에서 증명사진 한 장을 찍기 위해서는 수십만 원을 주어야 한다. 그럼에도 찍을 수 있으리라는 확신을 할 수 없을 만큼 예약이 밀려 있다.

10대와 20대 고객들은 증명사진 하나를 찍기 위해 왜 몇십만 원의 돈을 투자할까? 왜 군이 줄을 서서 '시현하다'를 찾는 것일까? 평범한 일상에서 비범한 차별화를 만들어 내는 것, 그것이 우리 디지털 마케터가 맞닥뜨리는 고민의 실체와 같지 않을까? 한국후지필름의 마케터도 이곳의 존재를 잘 알고 있었다.

'시현하다'는 컬러감을 살려서 작업하는 곳이죠. 각 개인이 프로필 사진을 통해 가장 자기다운 모습을 발견하는 곳이기도 합니다. 주민등록증이나 운전면허증에 쓰이는 단순한 증명사진이지만 요즘 세대들은 이 사진 한 장을 통해 남다른 자신을 표현하고 싶어하거든요. '시현하다'는 그런 밀레니얼 세대들의 숨은 니즈를 정확히 읽은 셈이고요. 이러한 새로운 해석이 저희 같은 브랜드에 큰 도움이 됩니다. 이런 곳을 찾는 것도 저한테는 일종의 미션인 셈이에요. 같은 사진이라도 크리에이티브하게 찍을 수 있는 그런 분들 말입니다."

'시현하다'는 우리의 기억 속에 남아 있는 그런 사진관이 아니다. 용도가 다르기 때문이다. 자신에게 맞는 컬러와 가장 잘 어울리는 표정은 주민등록증과 학생증을 위해서만 쓰이지 않는다. 자신을 표현하고 싶어 하는 모든 곳에 쓰일 수 있다. 쓰임새가 확장되니 수요도 많아졌다. 이처럼 '시현하다'는 새로운 밀레니얼 세대에 있어 사진이 쓰이는 필요를 새롭게 해석해 주었다. 주민등록증에 의례적으로 들어가는 사진이라면 굳이 몇십만 원짜리 사진이 필요할 리 없다. 그러나 남들과 다른 가장 '자기다운' 모습을 사진에 담으려는 그들의 노력은 작은 사진관 '시현하다'에서 빛나고 있었다.

3 바야흐로
취향의 시대

동서식품에서 '원두커피'를 만들었다. 신기한 일일 수도, 낯설 수도 있는 소식이다. 그런데 우리가 몰랐던 사실 중 하나가 동서식품은 2018년 기준, 국내 전체 원두 수입량 16만 톤 중 절반 가량을 수입하는 곳이라는 것이다. 또 이름만 대면 알 수 있는 굴지의 회사들에 꽤 오랜 기간 B2B로 원두 제품을 공급해 오기도 했다. 문제는 선입견이다. 스틱커피를 만드는 '모카 골드'의 원조인 회사가 원두커피를 만든다니…. 생소하기도 하고 미덥지 않을 수도 있지 않겠는가? 그럼에도 불구하고 맥심은 8종의 원두커피를 출시했다. 그리고 이 원두커피 브랜드인 '맥심 도슨트'는 동서식품의 지난 50년 간의 수많은 경험과 노하우가 집약된 곳이기도 하다.

맥심의 스토리가 정리되어 있는 맥심 도슨트 홈페이지

맥심은 이러한 선입견을 깨트리기 위해 스토리의 힘을 빌렸다. 어려운 미술 작품들을 쉽고 친절하게 이야기해 주는 사람, '도슨트'를 컨셉으로 잡아 각각의 커피에 저마다의 스토리를 입힌 것이다. 이 커피에 어울리는 음악은 어떤 장르, 누구의 노래일까? 이런 류의 디자인과 라이프 스타일을 즐기는 사람이라면 어떤 커피를 좋아할까? 이런 질문들이 다양한 스토리를 만들어 냈다. 추천하는 원두가 가진 맛과 향 등을 자세하게 소개하며, 원두와 잘 어울리는 음악이나 영화, 예술작품, 여행지 등의 다양한 정보를 제공했다. 감각적인 커피를 즐길 수 있는 가이드 역할을 자처한 것이다.

골드넥스의 마케터는 이러한 맥심 도슨트의 컨셉을 정확히 파악한 후 인스타그램 계정을 오픈했다. 그리고 커피를 즐기는 시간과 장소, 상황TPO에 맞는 감성적인 사진을 업로드했다. 그 결과는 오픈 기간 대비 빠른 팔로워 수 상승으로 이어졌다.

페르소나의 감성에 맞는 이미지로 구성된 맥심 도슨트 인스타그램

"우선 편견을 깨는 게 중요했어요. 스틱커피를 만드는 맥심이 가진 이미지를 어떻게 벗어나야 할지 고민이 많았어요. 그래서 저희는 타깃을 최대한 좁혀 봤어요. '나이대는 20대 후반이고 직장인이면서 트렌디한 장소와 홈 카페를 즐기는 여성'이라는 페르소나를 설정하고 그 페르소나에 맞는 라이프스타일을 인스타그램에 녹여내고 싶었어요. 그 결과 차분한 감성을 가진 고객들이 찾기 시작했고, 맥심 도슨트 인스타그램은 그 고객들과 함께 그들의 감성을 담을 수 있었어요."

맥심 도슨트는 분명히 커피를 파는 브랜드이다. 인스턴트가 아닌 원두커피라는 차이점만 있을 뿐이다. 하지만 이들이 파는 것은 사실 커피가 아닐지 모른다. 홈페이지에서 제공하는 '맥심 파인더'를 경험해 보면 그 차이가 명확해진다. 이 코너를 통해 설문에 답하면 본인의 성향이나 취향에 맞는 커피를 추천해 준다.

그래서 맥심 도슨트가 파는 것은 커피가 아니라 '취향'이다. 누군가에겐 메탈리카의 공연과 같은 '풀 어센틱Full Authentic'의 다크 로스팅된 커피를 팔고, 누군가에겐 레드 벨벳의 노래와 같은 산미 강한 '라이트 블라썸Light Blossom'을 파는 식이다. 소비자가 구매하는 것도 한 움큼의 원두가 아닐지 모른다. 자신이 지향하는 라이프 스타일을 구매하는 것이다. 물론 커피의 품질은 모든 기준에 앞서야 한다. 맛 없는 커피를 용서할 소비자는 없다.

그러나 그다음 고민할 대상은 이렇듯 컨셉과 스토리가 되어야 한다. 바야흐로 취향의 시대이기 때문이다. 맥심은 그것을 8가지의 원두가 아닌, 8가지의 라이프 스타일로 풀어냈고, 골드넥스의 마케터는 그 취향을 그대로 살려 인스타그램을 운영하고 있다.

가심비를 넘어 가잼비의 시대,
편슈머가 뜨고 있다

10~30대 소비자들이 쇼핑을 하며 가장 중요하게 생각하는 요소 중 하나는 다름 아닌 '재미'다. 그래서 재미를 추구하는 소비자들, 이른바 '편슈머' 소비 트렌드가 계속되는 것이다. 편슈머는 재미Fun와 소비자Consumer를 합성한 신조어로, 소비하는 과정에서 즐거움을 추구하고 소셜미디어에 후기를 공유하는 소비자를 일컫는 말이다.

요즘 소비자들은 자신이 구매한 상품에 후기를 다는 사람들과 적극적으로 소통한다. 이 과정에서 소비자들은 더 많은 공감을 얻기 위해 독특하고 재미있는 상품을 사고 싶어 한다. 가심비를 넘어 가잼비의 시대가 도래한 것이다.

편 마케팅은 1990년대 후반 미국에서 시작되어 2000년대에 주목받기 시작한 경영기법인 '펀 경영'을 모태로 한 마케팅 기법이다. 우리나라에서는 2000년대 초반, 주로 TV 광고에서 재미있는 CM 송을 만든다거나 단발적인 오프라인 체험존을 운영하는 형태로 펀 마케팅을 진행했다. 수많은 패러디를 양상한 롯데푸드의 빠삐코 아이스크림이 그 대표적인 사례다. 다만 초반의 펀 마케팅은 기업에서 제공하는 재미 요소를 소비자들이 소비하는 '기업 중심형'이 대부분이었다.

하지만 2010년대 들어서며 스마트폰이 대중화되자 소비자들이 사용하는 플랫폼이 다양해졌다. 소비자들이 정보를 공유할 수 있는 SNS와 같은 새로운 장(場)이 열리면서 온라인과 오프라인을 넘나드는 마케팅이 성행했다. 국순당에서는 자사 제품을 홍보하기 위해 '막걸리 빨리 따기' 대회를 개최하면서 이 대회 영상을 유튜브와 페이스북에 공유하여 소비자들의 관심도를 높였다. 하이트진로에서는 '소맥 제조사를 찾아라' 이벤트를 열어 자신만의 특별한 소맥 레시피를 가진 참가자에게 '소맥 자격증'을 발급했다. 이렇게 SNS를 활용한 펀 마케팅은 소비자들이 직접 참여하고 즐기는 '소비자 참여형'으로 발전했다.

'수박바'를 먹으며 우스갯소리로 '초록색' 부분이 더 많았으면 좋겠다고 생각한 적이 한 번쯤은 있었을 것이다. 이러한 소비자들의 아이디어가 SNS를 통해 공유되며 많은 관심을 얻자 롯데제과는 이 생각을 현실로 만들었다. 이후 빨간색과 초록색 부분의 비율이 바뀐 '거꾸로 수박바'가 출시되자 10일 만에 100만 개 이상이 판매되었다. 삼양라면의 '불닭볶음면' 역시 소비자들의 참여로 다양한 콘텐츠들이 만들어졌다. 외국인들의 챌린지 영상은 물론 새로운 불닭볶음면 레시피 영상 등이 활발하게 재생산되었다. 삼양은 이를 놓치지 않고 '챌린지' 콘셉

트에 맞는 '핵불닭볶음면'을 출시했다. 또한 치즈를 넣은 '까르보불닭볶음면'을 출시해 한 달 만에 누적판매량 1,100만 개를 기록하는 기염을 토하기도 했다.

　하지만 이렇게 펀슈머 트렌드에 부합하는 제품들은 브랜드 인지도 상승에는 기여하지만 규모의 경제를 이룰 수 없다는 단점이 있다. 빠른 속도로 유행이 바뀌는 '재미' 요소는 지속성을 갖기 어렵기 때문이다. 기업들이 펀슈머를 겨냥한 마케팅을 장기적인 전략으로 삼기 어려운 이유가 여기에 있다. 더 이상 새롭지도 재밌지도 않은 순간이 오면 급격히 관심이 줄어들기 때문이다. 하지만 빠르게 바뀌는 트렌드를 따라잡기 위한 펀 마케팅 경쟁은 앞으로도 더욱 치열해질 것이다.

3장

달라진 세상의
제품 경쟁력

1 취향의 시대와 제품 경쟁력

　　그렇다면 도대체 무엇이 기존의 마케팅을 디지털 마케팅으로 바꾸고 있는 걸까? 가장 큰 이유는 트렌드의 변화 때문이다. 그 어느 때보다 개인의 취향과 개성이 중요해지고, 그 어떤 때보다 제품과 서비스가 다양해진 요즘 시대에 남들과 같은 브랜드를 선택하는 것은 매력적인 소비생활이 아니다. 따라서 불특정 다수를 타깃으로 하는 전통적인 브랜딩 방식보다 타깃 고객들의 취향과 관심사를 잘 녹여낸 콘텐츠와 스토리텔링 기법으로 접근하는 브랜드들에 대한 관심이 커지고 있는 것이다. 앞서 소개한 버버리의 변신 과정도 이와 크게 다르지 않았다. 그들은 자기다운 소비에 열광하는 이들의 숨은 욕구를 정확하게 읽어냈다. 그다음으로 이들과 소통하는 방법을 찾았다. 이제는 많은 사람들에게 일상이 된 소셜미디어에 주목할 수밖에 없는 이유가 바로 여기에 있다.

소셜미디어는 이제 그 어떤 것보다 강력하고 효과적인 홍보 채널이며 유통 채널이자 판매 채널이다. 또 이를 통해 브랜드의 우호적인 팬을 만들어 내는 것도 얼마든지 가능하다. 많은 비용이 필요한 과거의 광고나 마케팅 방식이 아니어도, 브랜드 각자가 스스로의 차별화 요소를 만들어 전파할 수 있는 새로운 길이 열린 것이다. 버버리는 이미 알려진 소셜미디어 외에도 위챗이나 유쿠와 같은 중국의 소셜 채널을 개설하는 데도 망설이지 않았다. 또 '아트 오브 더 트렌치'와 같은 새로운 소셜미디어를 만들어 그들만의 소비자와 실시간으로 소통했다. 그리고 이를 통해 진정한 팬덤을 만들어 냈다. 여기서 우리가 주목해야 할 점은 디지털 마케팅에서 필요한 것이 소셜미디어 그 자체가 아니라는 점이다. 이를 통해 소비자들과 어떤 교감을 할 수 있느냐가 중요한 것이다. 그리고 이러한 소통을 위해선 한 가지 전제가 필요하다. 그것이 바로 디지털 마케팅에서 놓치기 쉬운 제품과 서비스의 영역이다.

결국 고객들이 마지막으로 경험하는 것은 제품과 서비스의 퀄리티다. 과거에는 스몰 브랜드들의 제품과 서비스 수준이 대기업의 그것을 따라가지 못했다. 그러다 보니 당연히 소비자의 관심을 끌 수 없었다. 그러나 최근 주목받는 스몰 브랜드들은 제대로 된 재료를 사용하고 제대로 된 프로세스를 거쳐 높은 제품 경쟁력을 갖추고 있는 경우가 대부분이다. 여기에 스몰 브랜드만의 철학과 진정성이 더해지면서 차별화에 성공하고 있다.

이처럼 제품과 서비스 그 자체에 경쟁력이 없다면 새로운 밀레니얼 세대의 발견도, 소셜미디어의 활용도 무의미한 것이 되고 만다. 버버리도 닥터자르트도 예외일 수는 없다. 버버리가 자사의 핵심가치를 내세우는 동시에 가장 경쟁력이 있는 제품으로 트렌치코트를 선택한 이유도 바로 이 때문이었다. 닥터자르트가 BB크림에서 시작해 비주얼적인 개성을 강조하는 브랜드로 차별화를 시도한 것도 같은 맥락이었다.

> "닥터자르트도 작은 브랜드로 시작했어요. 지금처럼 많은 상품이 있었던 것도 아니었죠. 하지만 그때도 원동력은 제품력이었어요. 다만 비주얼적으로 눈에 띄는 컬러 브랜딩을 시도한 것이 남달랐죠. 올리브영에 들어가도 한눈에 보이는 비주얼로 코너를 꾸몄으니까요. 하지만 결국 제품력이 뒷받침되었기 때문에 여기까지 왔다고 생각해요."

최근 들어 해외에서 각광받고 있는 영주대장간 '호미'의 사례는 이러한 제품 자체가 가진 경쟁력이 어떤 것인지를 선명하게 보여 주고 있다.

2   아마존에서 '호미'가
         대박난 이유

실제로 아마존에서는 우리나라 '호미'가 잘 팔린다. 그냥 잘 팔리는 정도가 아니라 성능 좋은 원예용품으로 각광받고 있다. 한때 '가드닝(gardening, 원예)' 부문 톱 10에 오르며 한 해에 2,000개 이상 팔리기도 했다. ㄱ자로 꺾어진 호미는 손삽만 쓰던 외국인들에게 혁명적인 원예용품이었다. '손목에 힘을 많이 주지 않아도 된다' '호미를 쓰기 전에는 정원을 어떻게 가꿨는지 의문이다' '덤불 베는데 최고다'라는 평이 줄을 이었다. 아마존에서 팔리는 호미의 가격은 대략 30달러, 우리 돈으로 3만 원 정도다. 우리나라에서 보통 9,000원 정도에 팔리니 3배 이상에 달하는 가격이다.

이 호미들은 모두 경북 영주에 있는 '영주대장간'에서 만들어진다. 영주대장간의 호미가 대량생산되는 호미보다 튼튼한 비결은 모든 과정이 수작업으로 이뤄지기 때문이다. 또 좋은 재료를 사용하다 보니 오래 써도 날과 손잡이가 분리되지 않는다. 오랜 풍파를 버티며 생존한 영주대장간의 농기구는 이미 오래전부터 '명품'으로 알려져 왔다. 강원도 산골에서부터 부산 해운대까지 전국 곳곳에서 이곳 제품만을 찾는 철물점이 수두룩하다. 2019년부터는 짝퉁을 막기 위한 다양한 노력이 이뤄졌다. 호미 손잡이에는 영주대장간만의 각인과 '최고장인 석노기'라는 이름이 선명하게 새겨진다. 손잡이에 있는 세 개의 선명한 줄도 영주대장간 호미만의 특징이다.

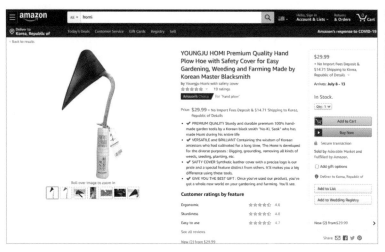

아마존 가드닝 분야에서 인기를 얻고 있는 영주대장간 호미

[출처 : 아마존 홈페이지]

하지만 이런 명성을 얻기까지는 어려움도 적지 않았다. 충남 논산에서 태어난 석노기 장인은 초등학교를 졸업하자마자 매형이 하는 대장간에 들어가 의식주를 해결했다. 그리고 1973년, 공주의 한 대장간

3장 달라진 세상의 제품 경쟁력

에서 3년간 호미와 조선낫 등을 만드는 기술을 연마했다. 이후 경북 영주로 내려와 터를 잡았다. 하지만 80년대 들어 먹고살 만해지자 비슷한 대장간들이 줄을 이어 생겨났다. 같은 동네에만 대장간 서너 개가 더 생겼다. 경쟁에서 살아남기 위해 남들이 못 만드는 작두나 약초 캐는 거름지 창 등을 만들기도 했다. 그렇게 살아남아 한숨 돌리니 이번엔 중국산 농기구가 발목을 잡았다.

> "호미를 2,000원에 팔 때 중국산이 600원에 들어오니 될 게임이 아니었어요. 버티기가 힘들어 죽으려고 몇 번을 시도했습니다. 답은 품질뿐이라고 생각하고 내가 만드는 농기구에 영주대장간 이름을 새기기 시작했죠. 결국 중국산을 써본 농민들이 다시 돌아오더군요."

호미의 주재료는 차량용 스프링이다. 폐차 스프링이나 스프링을 만들고 남은 자투리를 가져와 가마 불에 넣었다가 빼내어 두드리기를 수천 번 이상 반복한다. 형태가 잡히면 겉면을 가공해 매끈하게 만든 뒤 나무 손잡이를 끼운다. 이렇게 100% 수작업으로 하루에 60자루 정도를 만든다. 70대 동네 어르신 한두 명이 도와주는 날에도 약 120자루의 호미를 만들 수 있을 뿐이다.

이 제품의 가치를 알아본 것은 우리만이 아니었다. 정원에서 잡초를 베던 노랑머리의 외국인들도 영주대장간의 호미에 관심을 가졌다. 2013년부터 미국을 비롯해 독일, 오스트리아, 호주 등 세계 곳곳에서 석노기 장인의 호미를 찾기 시작했다. 미국 등 해외에서는 인건비가 비싸 수작업이 필수인 대장간 자체를 찾아보기 힘들다. 상황이 이렇다 보니 30도, 90도 등 정교하게 휜 농기구가 드물다. 영주대장간의 호미가 사랑받는 이유이다.

우리가 거들떠보지도 않던 호미 한 자루가 새로운 한류의 상징으로 떠오른 것이다. 최첨단 IT제품도 아니고 새로운 개념의 놀라운 서비스도 아니다. 그저 50년 동안 하나의 업에 매진해 온 결과다. 그 인내와 고집, 끈질긴 생존이 세계에서 통하는 명품을 만들어 냈다. 영주대장간의 성공은 차별화에 대한 우리의 선입견을 판판히 깨어놓았다. 거대하고 화려하고 대단한 스토리가 아니다. 그저 노인 한 분이 '하던 대로' 만들어 오던 호미 한 자루가 명품으로 거듭난 것이다. 우리 안에 잊혀졌던 그 무엇이 세계인의 사랑을 받는 브랜드로 다시 태어나고 있는 것이다.

호미를 소개하는 외국인의 영상

　　　　　　　　　　　　　3장 달라진 세상의 제품 경쟁력

3 결국은
제품력이다

　　여기서 우리는 놓치지 말아야 할 것이 있다. 그것은 브랜드의 차별화가 포장만이 아니라는 것이다. 영주대장간 호미의 가장 큰 경쟁력은 다름 아닌 품질이다. 오래 써도 날과 손잡이가 분리되지 않고, 좋은 재료로 만든 완벽한 형태를 갖춘 호미 날은 석노기 장인만이 가진 모방할 수 없는 차별화 요소다. 그런데 우리는 이 분명하고도 확실한 사실을 종종 놓치곤 한다. 호미 자루에 넣을 로고만을 고민하는 경우가 많다는 것이다. 제품과 서비스의 본질에 대한 고찰, 이것은 닥터자르트 마케터와의 인터뷰를 통해서도 확인할 수 있었다.

　　"제품력은 차별화의 기본이라고 생각해요. 그래서 이슈가 되는 제품을 많이 사용해 보죠. 그런데 막상 사용해 보면 부작용이나 안정성에 문제가 있었어요. 닥터자르트는 그런 제품이 없죠. 발림성이 좋고 피부의 근본문제에 대한 해결을 고민해요. 제조회사 내 연구소와 제휴를 통해 그런 기술력을 연구합니다. 지금 우리의 가장 큰 고민은 그렇게 만든 제품을 어떻게 소비자들에게 설득시킬 것인가에 관한 거예요. 일방적인 주입식 전달이 아니라 그들이 직접 느낄 수 있도록 설득하는 방법을 고민하고 있죠."

디지털 마케팅을 위한 도구와 방법론은 차별화된 제품이 없을 경우 공허한 것이 되고 만다. 닥터자르트가 기존 제품과 차별화될 수 있었던 가장 큰 이유는 '더마' 전문 브랜드라고 불릴 만큼 확실히 차별화된 기술력을 가지고 있었기 때문이다. 하지만 같은 더마 브랜드라 하더라도 각각의 브랜드가 가진 속성은 제각각 다르다.

"브랜딩은 추상적인 것을 눈에 보이게끔 하는 거예요. 같은 더마라 해도 그들의 속성값은 다 다르죠. 다른 더마 브랜드인 라로슈포제, 아벤느 등과도 달라요. 아벤느는 온천수에서, 키엘은 빙하에서 자신의 제품을 차별화한 컨셉을 가져올 수 있어요. 하지만 우리는 기술력에서 차별화하고 있어요. 그런데 이처럼 브랜드끼리는 다르게 차별화한다고 하는데 소비자들은 더마가 뭔지 잘 몰라요. 그건 단지 브랜드들이 이야기하는 방식의 차이일 뿐인 거죠. 이러한 것들이 우리 마케터들이 안고 있는 숙제 같아요."

추상적인 브랜드의 가치를 구체화할 수 있는 제품과 기술력은 기본이다. 그래서 평범한 제품을 디지털 마케팅으로 포장하려는 무모한 욕심에서 벗어나야 한다. 2000년 당시의 버버리도 럭셔리 브랜드 내에서는 그 영향력 면에서 작은 브랜드였다. 닥터자르트는 말할 것도 없다. 그러나 그들만의 고유한 제품력이 있었기 때문에 이후의 마케팅도 힘을 얻을 수 있었다. 기본기가 없는 브랜드는 여름 해변의 모래성일 뿐이다.

레트로 열풍으로
대박난 브랜드, 휠라

휠라는 1911년 이탈리아에서 휠라 형제에 의해 창립된 브랜드로, 1972년 이탈리아 자동차기업 피아트에 인수되며 의류 브랜드에서 스포츠 레저 브랜드가 되었다. 당시 휠라는 다소 침체된 상황이었는데, 윤윤수 회장이 휠라 라이선스를 보유한 호머 알티스를 설득해 한국에서 만든 신발에 휠라 상표를 붙여 미국에 판매했다. 이때 신발이 의류 매출을 뛰어넘는 큰 성공을 거두었고, 1991년 윤윤수 회장은 휠라코리아를 창업하며 대표이사가 되었다. 이후 제품 개발에 과도하게 투자하다 적자에 빠진 휠라 본사를 2007년 윤윤수 회장이 인수하며 휠라는 결국 한국 브랜드가 되었다.

2007년부터 휠라USA에서 일하던 윤윤수 회장의 아들인 윤근창 대표가 2015년 휠라코리아에 본격 합류하며 대대적인 브랜드 리뉴얼을

단행했다. 브랜드는 인기가 시들해지면 노후화된 이미지로 인해 중장년층 브랜드로 전락하는 경우가 많다. 그래서 다시 10대가 찾는 휠라를 만들기 위해서는 브랜드 정체성을 새롭게 만들지 않으면 안 되었다. 2015년 휠라는 1992년 국내 론칭 이후 23년 만에 브랜드 아이덴티티와 콘셉트, 타깃 소비층을 모두 젊게 바꾸며 이미지 변신을 꾀했다. 우선 스포츠 기업의 핵심인 신발에 초점을 맞추고, 30~40대였던 주 타깃 고객층을 20대 이하로 낮추었다. 또 품질을 유지하되 전 세계 아웃소싱으로 단가를 낮춰 '가성비'를 앞세웠다. 2017년에는 기존의 휠라 신발과 타 브랜드 제품들과 비교해 평균 3~4만원 저렴한 69,000원짜리 복고풍 운동화 '코트디럭스'를 출시하며 3개월 만에 100만 족 판매라는 대기록을 세웠다.

2018년에는 패션 키워드로 레트로가 꼽히자 오래 전 유행했던 디자인을 참고로 휠라 로고를 크게 확대한 '헤리티지 라인'을 만들어 판

브랜드 아이덴티티가 돋보이는 휠라 홈페이지

매해 큰 호응을 받았다. 또 그해에는 일명 '어글리슈즈'로 통하는 '디스럽터2(69,000원)' 열풍이 불며 휠라코리아는 2018년 3분기 '어닝 서프라이즈'를 냈다. 이때부터 소매점에서만 판매하던 방식을 10~20대들이 많이 찾는 '폴더' 'ABC마트' '슈마커' 등 신발 멀티숍들과 병행판매하는 쪽으로 유통전략을 수정했다. 또 타미힐피거, 고샤 루브친스키, 펜디부터 배틀그라운드, 펩시, 우왁굳, 메로나 등 젊은이들을 대상으로 권위성이 보장되는 곳들과 콜라보를 진행하며 중년과 젊은 세대를 아우르는 인지도를 쌓았다. 2016년에 9,671억 원이었던 매출은 2018년 2조 7,607억 원을 달성했으며, 2016년 1,180억 원이던 영업이익은 2018년 3,237억원이 되었다.

출처 : 휠라 홈페이지

큰 유행을 몰고 왔던 휠라 헤리티지 라인

4장

핵심가치를 찾아서

1 차별화 요소가
곧 핵심가치다

2016년, 캘러웨이는 클럽 헤드 안에 J 브레이크 바라는 티타늄 막대를 넣은 제품을 새로이 출시했다. 클럽이 공에 맞는 순간 헤드가 부풀어 오르는 과정에서 일어나는 에너지 손실을 최소화한 제품이다. 어떤 브랜드도 갖고 있지 않은 특허 기술이었다. 2019년에는 클럽 페이스를 디자인할 때 15,000번의 공정 테스트를 거쳐 탄생한 플래시 페이스라는 신기술을 도입해 극한의 스피드를 만들었다. 예전에는 하나의 클럽을 만들어 내기 위해 고작 15개의 샘플을 테스트하는 게 전부였다. 그런데 비거리가 비약적으로 늘어나는 이 클럽의 장점을 어떻게 표현하면 좋을지 막막했다. 그때 누군가 '반칙'이라는 키워드를 제시했다. 그리고 그 키워드 하나가 이 클럽의 운명을 바꾸어 놓았다.

"키워드를 '반칙'으로 잡았어요. 실제로 반칙 같은 클럽이었으니까요. 물론 공인받은 클럽이라 실제로는 반칙이 아니었죠. 그런 비공인 클럽은 따로 있거든요. 사람들의 반응이 아주 뜨거웠어요. 키워드 자체가 선명했습니다. 실제로 클럽을 쳐 본 사람들의 반응도 '반칙'이라고 말할 정도였죠. 이처럼 차별화된 기술의 경우 어떻게 표현하느냐가 매우 중요하다고 생각합니다."

사실 골프용품의 경우 우리 눈에 보이지 않는 수많은 신기술들이 적용된다. 그러나 캘러웨이는 그 앞선 기술을 전문적인 용어로 설명하지 않았다. 그 대신 그 기술이 가진 '핵심가치'에 집중했다. 그렇게 나온 단어가 바로 '반칙'이라는 키워드였다. 제아무리 이 클럽이 탁월한 제품이라고 해도 이를 써 본 사람들이 기술상의 장점을 자세히 설명할 수는 없을 것이다. 그러나 '반칙'이라는 키워드는 제품의 본질을

출처 : 캘러웨이 유튜브

'반칙'이라는 키워드로 선수들의 인터뷰를 담은 영상을 만든 캘러웨이

정확히 표현하고 있었다. 그리고 이것을 소비자들과의 커뮤니케이션 과정에 녹여냈다. 소비자와의 진정성 있는 소통은 그것이 얼마나 정확히 본질을 담고 있느냐에서부터 시작되기 때문이다.

> "현대자동차에 들어가는 기술과 작동방법은 누구도 대신할 수 없어요. 그래서 콘텐츠를 만들 때에는 그 기술을 직접 개발한 연구원에게 검수를 받고 이 기능을 어떻게 표현하는 것이 좋을지를 확인합니다. 얼마나 많이 쓰는 기능일까를 고민하기도 하고요. 현대차에만 있는 기능, 현대차에서만 작동하는 기능은 누구도 따라할 수 없는 현대차만의 '하우투 콘텐츠'에요. 어떻게 하면 현대차를 가장 잘 이해하고 활용할 수 있는지에 대한 디테일과 정확한 정보를 제공할 수 있으니까요. 공신력을 가진 콘텐츠, 이것이 우리가 만들 수 있는 최고의 핵심가치이자 콘텐츠라고 생각합니다."

현대자동차의 큰 경쟁력은 자동차를 직접 설계하고 개발하고 만들어 내는 '기술의 오리지널리티'다. 그 제품과 서비스를 만든 사람이 아니면 결코 알 수 없는 지식과 정보는 그 브랜드의 가장 큰 경쟁력이자 차별화 요소가 된다. 현대자동차의 마케터는 이를 가장 쉽게 전파할 수 있는 '하우투 콘텐츠'를 개발했다. 이런 콘텐츠는 아무리 차를 잘 아는 전문가라 해도 대신 만들 수 없다. 아니, 그만한 공신력을 얻을 수 없다. 그 차를 직접 개발한 오리지널리티를 현대자동차가 갖고 있기 때문이다. 이것은 누구도 모방할 수 없는 그들만의 핵심경쟁력이다.

2020.07.29. 201 읽음
"하늘을 날기 위한 건가?" 벨로스터 N에 붙어있는 날개의 정체
VIEW H 1 0

2020.06.25. 10,507 읽음
"전복 사고로부터 운전자를 지켜라!" 안전을 위한 SUV의 3단계 비법
VIEW H 8 36

2020.06.12. 10,383 읽음
비 오는 날 전기차 충전해도 안전한 이유
VIEW H 10 15

2020.06.02. 6,434 읽음
비상 삼각대보다 중요한 2차 사고 예방 기능은?
VIEW H 9 17

2020.05.28. 35,076 읽음
"무단으로 즐겨요~♬" 소수점 변속도 가능한 '이 변속기', 정체가 뭘까?
VIEW H 11 92

전문성이 담긴 현대의 '하우투 콘텐츠'

모든 디지털 마케터가 고민하고 다루어야 할 부분 역시 바로 이러한
제품의 핵심가치, 즉 차별화 요소다.

2   어떻게
  차별화할 것인가?

닥터자르트의 경우 가장 중요시 여기는 차별화 포인트는 비주얼이었다. 다른 제품과 나란히 놓았을 때 비주얼적으로 끌리는 부분이 반드시 있어야 했다. 하지만 지금은 터닝포인트를 할 시점이었다. 너무 많은 브랜드들이 시장에서 경쟁하고 있기 때문이다. 비주얼만으로는 힘든 시대가 되었다고 닥터자르트의 마케터는 쓴웃음을 지었다.

"닥터자르트는 비주얼적으로 강하기 때문에 처음부터 굿즈나 파워팩, 세트로 구성된 제품을 도입했어요. 소비자들 눈에 잘 띄는 방법을 항상 고민했던 거죠. H&B 스토어와 콜라보를 했을 때는 눈에 더 잘 띄게 세트 구성을 하기도 했습니다. 소비자들 입장에서는 잘 보이면서 같은 가격으로 사는데 예쁜 굿즈까지 주니 선택하지 않을 이유가 없었죠. 매출에 많은 도움이 되었어요. 하지만 지금은 다른 업체들도 따라 하고 있어서 그것만으로는 부족함을 절감하고 있습니다."

출처 : 닥터자르트 홈페이지

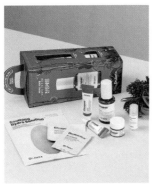
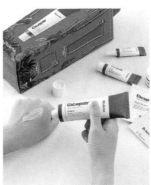

닥터자르트의 '북 패키지' 에디션과 '시카페어' 파워팩

지금의 닥터자르트는 새로운 핵심가치를 소비자들과의 '소통'으로 잡고 있다. 하지만 쉽지 않다고 했다. 뷰티 시장은 진입장벽도 낮고 제품을 만들기도 쉽고 카피 제품도 빨리 나오기 때문이다. 제품력만 가지고는 살아남기 힘든 시장이다. 결국 소비자들을 팬으로 계속 남겨둘 수 있는 '그 무언가'가 필요한 시기가 도래한 것이다. 이제 비주얼이 아닌 다른 요소를 찾아야 할 시점이었다.

> "고객과의 소통이 어려운 데에는 여러 가지 이유가 있어요. 그중 하나가 브랜드의 톤 앤 무드를 지켜야 한다는 거예요. 커뮤니티에서 자유로운 답변을 하고 싶어도 브랜드의 톤 앤 무드를 지켜야 하기 때문에 조심스러운 경우가 많죠. 물론 자유로운 커뮤니케이션이 오히려 더 큰 리스크를 불러올 수 있기 때문에 개인적으로도 꼭 필요한 장치라고 생각해요. 그러다 보니 마케터의 커뮤니케이션 역량이 더욱 중요해지고 있어요."

닥터자르트의 마케터는 이런 소비자의 니즈를 찾기 위해 소비자들이 원하는 것들을 지속적으로 모니터링하고 있었다. 그리고 광고에 달린 댓글, 키워드와 해시태그 등 고객들의 다양한 피드백을 통해 그들이 원하는 것이 무엇인지를 하나하나씩 알아가고 있다고 한다. 이를 통해 소비자가 제품을 어떻게 사용했을 때 효과가 극대화되는지에 대한 내용을 내부 직원들과 공유하고 있다. 자사 제품이 타사 제품에 비해 어떤 점이 월등한지, 닥터자르트가 말하는 '진정'과 소비자들이 받아들이는 '진정' 사이에는 어떤 차이가 있는지 등 아주 디테일한 그들의 니즈를 발견할 수 있는 일련의 과정으로 보였다. 일방적인 주입식 정보 전달이 아닌 소비자들이 원하는 답을 주기 위한 노력이기도 했다.

> "제 취미가 새벽에 일어나 인터넷 서치를 하는 거예요. 남들의 이야기를 듣는 것이 재미있기 때문이죠. 거기서 잘 파는 사람들을 관찰하곤 합니다. 같은 셀럽 마켓이라고 하더라도 잘 파는 사람들은 따로 있어요. 그들은 제품을 파는 방식이 다르죠. 작은 특징을 가지고도 소비자들이 혹하게끔 합니다. 잘 파는 사람들은 뭔가 다른 커뮤니케이션 방법이 있기 마련이에요."

하지만 셀럽의 커뮤니케이션을 따라 하기에는 한계가 있었다. 일단 브랜드와 인플루언서는 홍보를 위해 쓸 수 있는 표현 자체가 다르기 때문이다. 브랜드는 언제나 광고법 위반을 의식해야만 한다. 반면 인터넷의 셀럽들은 이 점에서 비교적 자유로운 편이다. 예를 들어 '여드름'이란 단어는 화장품 광고에서 절대로 쓸 수 없는 말이다. 효과가 있다 해도 지표로 보여주는 것이 금지되어 있다. 그런데 셀럽들은 그 모든 과정을 직접 보여줄 수 있다. 당연히 소비자들은 더 직관적인 곳에 반응할 수밖에 없다. 닥터자르트만의 차별화된 핵심가치가 필요한 이유가 여기에도 있었다. 제품과 서비스만으로는 브랜드를 차별화하기 힘든 시대가 왔기 때문이다. 화장품처럼 진입장벽이 낮은 시장일 경우에는 더더욱 그렇다.

"2019년 초부터 눈에 보이는 변화가 보이기 시작했어요. 디지털 마케팅 시장도 포화상태에 이른 거죠. 기존의 채널만 가지고는 웬만해선 바이럴이 힘든 상황이 계속되고 있어요. 결국 콘텐츠에 대한 고민으로 이어질 수밖에 없었죠. 어떤 이슈를 어떤 채널에 태워야 확산이 될지에 대한 고민을 항상 하게 되더라고요. 온라인 콘텐츠의 경우 특히나 휘발되기 쉽기 때문에 더더욱 어렵죠. 그래서 앞으로는 온라인 시장에서 어떻게 소통하는가가 더 중요해지지 않을까 생각합니다."

지금은 모든 소비자들을 만족시킬 수 없는 시대다. 특히 요즘과 같은 무한경쟁의 시장에서는 살아남는 것이 미덕이다. 너무나 많은 제품, 너무나 많은 정보들이 넘쳐나고 있기 때문이다. 그런 이유 때문에 확실한 타깃팅은 더욱더 중요해지고 있다. 이런 고민은 결국 차별화에 대한 고민으로 이어졌다.

"작년 겨울에 새로운 제품이 나왔어요. 각각의 채널에 어울리는 카피 160개를 만들어 별도로 집행해 보았죠. 같은 영상에 카피만 다르게 입히는 방식이었어요. 놀랍게도 효과가 정말로 다르게 나타나더군요. 특정 타깃의 전환율이 높게 나오거나 특정 관심사에 대한 조회 수가 높게 나오기도 했죠. 결국 타깃팅이 가장 중요하구나라고 생각했어요. 그들이 원하는 메시지를 개인화해서 그에 맞는 차별화된 카피를 써야 한다는 거죠."

결국 차별화는 멀리서 찾는 것이 아니다. 소비자들이 그 제품을 선택해야 할 분명한 이유를 주면 된다. 그리고 대개의 차별화는 그 업의 본질적인 가치와 맞닿아 있다. 그 제품을 통해 전달하고자 하는 가치는 소비자들의 통점(痛點), 즉 가려운 곳을 긁어 주는 데 있다. 현대자동차와 닥터자르트, 캘러웨이의 핵심적인 가치는 그 어떤 회사보다도 탁월한 제품력에 있었다. 문제는 여기서부터다. 제품의 우수함을 어떻게 소비자들에게 인지시킬 것인가다. 마케팅과 브랜딩은 결국 소비자들의 인지과정에 자신들의 브랜드를 선명하게 각인시키는 일이다.

크록스의 차별화에 대한 고민도 이와 다르지 않았다. 이토록 유니크한 신발을 어떻게 하면 소비자들에게 어필할 수 있을까 하는 것이다.

> "크록스는 '편안함'이 주는 장점으로 많은 소비자들에게 사랑을 받았어요. 그리고 크록스는 '편안함'에 추가로 나만의 퍼스널라이징이 가능한 지비츠로 Z세대를 사로잡았고, 최근에는 포스트 말론, KFC, 싸이, 레어마켓, 케이스스터디 등 다양하고 힙한 아티스트 및 브랜드들과 콜라보레이션한 제품을 선보이며 '힙한' 브랜드로 변신하고 있어요. 기본에 충실하면서 새로운 환경에 맞추어 나아가는 브랜드, 전 세대와 전 세계가 열광하는 브랜드로 성장한 비결이 아닐까 싶습니다."

물론 크록스를 '편안함'이라는 메시지로만 팔 수는 없다. 일단 힙하게 보이는 게 우선이었다. 편안함을 가장 먼저 추구하되 그 이후에는

출처 : 크록스코리아 공식 인스타그램

케이스스터디 × 크록스 콜라보레이션 슈즈

힙하게 보이는 것을 고민했다. 패션이나 기능들을 어필하는 것이다. 크록스의 크로슬라이트™라는 특허받은 소재는 신을수록 자기 발에 조금씩 맞춰져 간다. 물과 습기에 강한 것은 물론이다. 일반 운동화에 비해서도 훨씬 가볍다. 발에 무리가 가지 않는다. 겨울에는 털이 달린 슈즈가 있다. 또 지비츠라는 신발에 꽂을 수 있는 액세서리를 활용해 투박한 슈즈에 재미를 더할 수 있다. 원하는 대로 구멍에 꽂으면 된다. 퍼스널라이즈를 하면서 스타일리쉬하게 신을 수 있는 것이 포인트다.

편하면서도 나만의 스타일을 표출할 수 있는, 크록스는 이 부분에서 소비자들의 마음을 얻고 있었다.

3   브랜드 컨셉으로
      무장하라

한적하고 여유로운 분위기, 맑은 하늘, 드넓은 들판…. 유럽 사람들이 떠올리는 '프로방스' 지방의 이미지다. 이 지역에서 유년 시절을 보낸 올리비에 보송은 이곳의 풍부한 자연으로부터 얻은 산물을 더 많은 이들과 나누고 싶었다. 고대 프랑스 남부 프로방스 지방의 옛 명칭인 '옥씨따니아Occitanaia', 그리고 이 지역의 여자를 지칭하던 '록시땅'이 브랜드 명이 된 것은 결코 우연이 아니다.

올리비에 보송은 23살의 젊은 나이에 낡은 증류기를 구입해 로즈 에센셜 오일 등 다양한 종류의 에센셜 오일을 만들어 차에 싣고 프로방스 지방의 장터를 돌며 판매를 시작했다. 그리고 1976년에는 작은 비누 공장을 차렸는데, 이곳이 프랑스 자연주의 화장품의 효시 '록시땅'의 시작이었다.

프로방스에서 시작된 자연주의 브랜드를 알리는 록시땅의 광고

시장에서 선택할 수 있는 최고의 전략은 보이지 않는 사람들의 생각 속 지도에서 유리한 키워드를 선점하는 것이다. 록시땅은 그런 점에서 브랜드 명 그 자체로 창업자의 의도와 상관없이 '프로방스'라는 키워드를 그들의 것으로 가져올 수 있었다. 수없이 많은 자연주의 화장품의 물결 속에서 나름의 아이덴티티를 굳건히 지킬 수 있었던 이유다.

이니스프리, 가장 제주다움을 담다

그렇다면 이니스프리는 어떨까? 이니스프리의 브랜드 명은 시인 윌리엄 예이츠의 시에 나오는 어느 신비한 섬의 이름에서 따왔다고 한다. 하지만 사람들은 이니스프리 하면 제주를 먼저 떠올린다. 그들의 브랜드 슬로건을 보면 이러한 설명은 더욱 선명해진다. 'Natural benefits from JEJU', 제주의 청정한 자연에서 얻은 산물들을 나누겠다는 이 브랜드의 카피는 제품 명으로 그대로 이어진다. 그린 티 씨드 세럼, 용암해수 에센스, 왕벚꽃 톤업 크림, 한란 로션, 유채꿀 핸드 버터, 화산송이 모공 폼 등 이름만 들어도 제주가 떠오른다. 푸른 바다, 구멍이 송송 뚫린 화산석, 그리고 드넓은 녹차밭까지…. 그렇다. 이니스프리는 전 세계 사람들의 생각 속 청정의 섬, 제주를 완벽하게 선점한 것이다.

전략이 선명하니 전술의 실행도 심플해진다. 브랜드 아이덴티티가 선명하니 슬로건 역시 분명해진다. 제품 명은 말할 것도 없다. 중요한 것은 이러한 청정 섬의 이미지를 어떻게 디지털 마케팅 전략의 실제로 활용할 것인가의 여부다. 이 차이는 이니스프리가 운영하는 인스타그램 채널을 보면 더욱 명확해진다. 이니스프리의 과거 매출전략은 한마디로 판매를 위한 세일전략이었다. 그러다 보니 그 안에서 '이니스프리'만의 아이덴티티를 찾아보기 어려웠다. 여타 유사한 브랜드의 인스타그램 채널과의 구별도 힘들었다. 목적(전략)이 비슷하니 그 방법(전술) 역시 비슷할 수밖에 없었다.

하지만 이니스프리는 이후 인스타그램의 운영전략을 완전히 바꾸게 된다. 청정 섬 제주의 톤 앤 매너를 그대로 살린 콘텐츠들로 과감히 새로운 시도를 시작한 것이다. 새로운 이니스프리 인스타그램 계정의 주인공은 다름 아닌 제주의 자연, 그 자체이다. 모델과 제품은 주인공의 품에 안긴 조연의 역할을 한다.

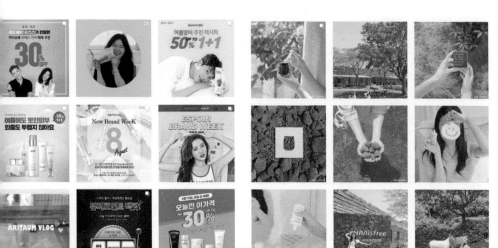

출처 : 이니스프리 인스타그램

개편 전후의 이니스프리 인스타그램 피드

그리고 성공한 영화나 드라마의 조건은 이 조연들이 살아날 때이
다. 이질감 없이 자연스럽게 녹아든 조연의 역할은 작품 전체를 살리
곤 한다. 이뿐만 아니다. 이니스프리는 소비자들의 리얼 후기를 피드
에 리그램했다. 소비자의 시각에서 바라본 감성적인 피드로 채널을
재구축한 것이다. 이니스프리의 인스타그램을 따라가다 보면 제주에
가고 싶어진다. 계절에 따라 자연스럽게 바뀌는 이미지의 톤 앤 매너
는 이니스프리의 브랜드 아이덴티티를 품은 제품들로 자연스럽게 이
어진다. 세일을 강조하는 카피나 숫자는 찾아보기 어렵다. 가끔씩 아
주 수줍게 이벤트의 존재만 알릴 뿐이다.

그렇다면 이러한 이니스프리의 과감한 방향 전환은 어떤 결과를
낳았을까? 2019년도 아모레퍼시픽 그룹의 3분기 매출은 1조 5,704억

원을 기록했다. 영업이익은 1,205억 원, 전년 동기 대비 매출은 7.4%, 영업이익은 42.3% 증가한 금액이다. 이니스프리의 뚝심이 실적으로 드러난 것이다. 분명한 컨셉의 힘은 이렇게도 강력한 것이다.

아모레퍼시픽의 제주 사랑은 어제오늘의 일이 아니다. 1983년, 고 서성환 회장은 제주의 15만 평 땅을 개간해 녹차밭을 만들었다. 우리나라만의 차 문화가 없음을 개탄한 창업자의 의지의 결과였다. 그리고 이 녹차밭은 이름 모를 오름들이 만들어 내는 아름다운 스카이라인과 초록의 찻잎들로 제주만의 기운을 자아내는 명소가 되었다. 이처럼 이니스프리의 컨셉은 인위적으로 만들어진 것이 아니다. 수십 년간의 보이지 않는 투자가 만들어 낸 이유 있는 발견이다.

그 청정의 컨셉을 머금은 이니스프리의 소셜 마케팅 전략이 지향해야 할 방향 역시 제주 그 자체라야 한다. 사람들은 이니스프리라는 제품만을 구매하지 않는다. 제주라는 대체불가한 청정의 이미지도 함께 소비하는 것이다. 이 전략이 무서운 점은 카피가 불가하다는 것이다. 어느 회사나 브랜드도 이니스프리의 제주를 뺏을 수 없다. 이것이 브랜드 컨셉의 선점전략이 가진 보이지 않는 힘이다. 이니스프리의 인스타그램 피드만이 독점할 수 있는 가장 큰 자원이다.

사람들은 지금도 이니스프리의 피드에서 제주의 자연을 찾는다. 의도된 전략의 결과이다. 그러나 그 과정은 물 흐르듯 자연스럽다. 이것이 바로 보이지 않는 브랜드 컨셉의 강력한 숨은 힘이다.

지코와 매일유업, '챌린지 마케팅'의 시작

2020년 1월 13일, 래퍼 지코가 신곡 '아무노래'를 발표했다. 그런데 노래를 홍보하는 방식이 기존과 달랐다. 지코는 곡 발매 하루 전인 12일 가수 화사와 함께 '아무노래'에 맞춰 춤추는 영상을 올렸다. 그리고 #anysongchallenge 태그와 함께 '따라해 보아요'라는 글을 올렸다. 다음날은 가수 청하, 그다음엔 장성규, 송민호 등과 함께 춤추는 모습을 담은 영상을 올렸다. 이 춤은 여기서 끝나지 않았다. 이효리, 박신혜 등의 국내 스타뿐 아니라 축구 선수, 라인의 캐릭터, 아기와 강아지, 세계 각지의 팬들까지 '아무노래' 안무에 맞춰 몸을 흔들었다. 유튜브에선 인싸(인사이더)가 될 수 있는 이 안무를 배우기 위한 영상 조회 수가 1억 뷰를 돌파했고, 음반 발매 후 1주일 동안 '아무노래'를 배경으로 만들어진 영상만 5만 건에 이르렀다. 이 곡은 발표 후 멜론과 지니 등 국내 주요 음원 사이트에서 실시간 차트 1위에 올랐다.

사실 곡 홍보를 위한 이런 시도는 지코가 처음은 아니었다. 세계적인 유명 래퍼 니키 미나즈의 트위터 팬 계정 운영자였던 닐 나스 엑스는 2019년 'Old Town Road'라는 곡을 발표했다. 컨트리 음악에 랩을 접목한 노래였는데, 카우보이 콘셉트를 활용한 '이햐 챌린지Yeehaw Challenge'로 돌풍을 일으켰다. 가수의 노래를 따라 안무를 하다 갑자기 화면이 전환되며 다른 옷을 입은 영상이 등장하는 방식이었다. 이 곡은 챌린지에 힘입어 빌보드 싱글차트인 HOT 100에서 19주간 1위라는 역대 최장 기록을 세운다. 아이스 버킷 챌린지처럼 유행을 인증하고 싶어 하는 소셜미디어 세대의 심리를 제대로 이용한 것이다.

이러한 짧은 영상을 보통 '쇼트폼Short Form'이라고 부르는데, 이제는 SNS 마케팅의 한 방법으로 완전히 자리 잡은 이 챌린지는 주로 틱톡을 통해 전파된다. '시대 마케팅'의 승리라고 해도 과언이 아닐 정도다.

닐 나스 엑스의 'Old Town Road'와 지코의 '아무노래' 챌린지

사람들은 참여를 원한다. 일방적으로 강연을 듣는 것보다 함께 참여하는 워크숍 형태가 훨씬 더 뜨거운 반응을 일으키는 이유도 이와

크게 다르지 않다. 많은 브랜드가 소비자들의 다양한 참여를 끌어내기 위해 애쓰는 이유도 소비를 넘은 경험이 훨씬 더 충성도 높은 반응으로 유도하기 때문이다.

그 대표적인 사례 중 하나가 바로 매일유업의 '우유 속에 어쩌구 해시태그 챌린지'였다. 먼저 우유갑에 인쇄된 글자를 조합하여 단어나 문장을 만든다. 여기에 해시태그를 걸어 인스타그램에 올리는 챌린지였다. 소비자들의 적극적이고 유쾌한 참여를 이끌어낸 이 챌린지는 약 6일 동안 14,000여 개의 해시태그를 생성했다. 브랜드와 제품을 인식시키는 데 그치지 않고 실제 구매로까지 연결시킨 성공적인 챌린지 마케팅 사례였다.

수많은 SNS 인증을 낳은 매일유업의 #우유속에어쩌구 해시태그 챌린지

PART 3

디지털 마케터,
세일즈를 넘어 브랜딩으로!

1장

고객에게 선물하는
브랜드 경험

1 마케터와 고객이
함께 만드는 스토리

아름다운 우도가 한눈에 들어오는 제주도 구좌읍 종달리 해변, 그곳에는 20여 년 전 활선어 위판장으로 쓰였던 낡은 건물 하나가 위태롭게 서 있다. 이제는 더 이상 싱싱한 해산물을 만날 수 없는 이곳은 누가 봐도 버려진 건물 같아 보였다. 쇠락한 어촌 마을에서 흔히 볼 수 있는 풍경이다.

하지만 금, 토, 일 주말이면 이곳은 예약을 해야 겨우 들어갈 수 있는 멋진 식당으로 변신을 시작한다. 이름하여 제주 해녀 다이닝 식당 '해녀의 부엌'이다. 요즘 제주를 찾는 사람들에게 가장 힙하고 핫한 플레이스 중 하나로, 제주의 향토음식을 파는 곳이다. 그런데 이게 전부가 아니다. 이곳을 찾은 손님들은 식사 전에 짧지만 강렬한 공연 한 편을 관람한다. 바다에 남편을 잃은 어느 해녀의 일과 삶에 대한 이야기다. 한예종에서 연극을 전공한 식당 대표가 출연자다. 연극이 끝나면 사연의 주인공인 해녀 할머니가 나와 식사의 메뉴가 되는 해산물들을 소개한다. 뿔소라 손질부터 내장 색깔로 암수 구분하는 방법, 해산물 군소의 이름에 얽힌 이야기, 해녀 삼춘들에게 군소가 단연 인기 1위인 이유, 제주 잔칫상에는 군소가 절대 빠지지 않는 이유 등을 예순을 훌쩍 넘긴 해녀들이 직접 설명해 준다. 그렇게 이어지는 식사시간은 남다를 수밖에 없다.

해녀들의 이야기가 끝나면 드디어 기다리던 제주의 밥상이 차려진다. 메뉴는 그날 채취하는 재료에 따라 매번 달라진다. 제주의 바람과 물, 햇빛을 듬뿍 담은 신선한 재료들이 가장 제주다운 메뉴들로 한 상가득 채워진다. 톳으로 만든 흑임자죽, 뿔소라 꼬지, 군소 샐러드, 성게 미역국, 갈치조림, 돼지고기 수육까지 이곳이 아니면 결코 맛볼 수 없는 맛의 향연이 펼쳐진다. 그렇게 식사가 끝나면 해녀들의 인터뷰 시간이다. 해녀가 되고 싶다는 어린아이의 질문에는 너무 힘들다며 손사래를 치고, 특별한 노하우를 묻는 말에는 그냥 먹고 살기 위해서라고 투박하게 답한다.

2018년 12월 문을 연 이후 이 식당은 여전히 매진사례다. 제주 해녀의 삶과 독특한 문화의 가치를 전달하고 싶었던 이곳 출신 식당 대표의 정성이 헛되지 않은 까닭이다. 그런데 문득 이런 생각이 든다. 사람들은 왜 이런 낡은 식당을 군이 어렵게 예약을 해가며 찾고 있는 걸까? 제주도엔 이곳보다 훨씬 멋지고 세련된 식당과 카페들이 즐비한데도 말이다. 그것은 아마도 가장 제주다운 시간과 공간을 통해 해녀들의 삶을 그대로 담아낸 진정성 있는 스토리가 사람들의 마음을 사로 잡았기 때문은 아닐까?

제주 해녀 다이닝 식당 '해녀의 부엌'

파나소닉이 만든 '루믹스 S'는 하이엔드 카메라다. 전문가들을 위한 특별한 기능들로 가득한 멋진 카메라다. 하지만 카메라 시장은 캐논과 니콘, 소니 같은 쟁쟁한 경쟁자들이 즐비한 레드 오션인 것도 현실이다. 스펙으로만 경쟁하자면 만만치 않은 시장인 것이다. 그런 이유로 골드넥스는 루믹스 S의 차별화를 위해 스토리에 방점을 찍었다. 다만 마케터가 직접 이야기하는 것이 아니라 소비자들의 눈과 입을 빌리는 방법을 택했다. 루믹스 S 시리즈로 만든 영상 공모전을 통해 일상을 살아가는 이들의 경험을 렌즈에 담아낸 것이다.

"물론 카메라의 스펙을 잘 보여주는 것도 중요합니다. 하지만 그것이 일종의 광고라는 걸 소비자들도 모르지 않아요. 그래서 평범한 소비자들의 이야기를 진정성 있게 전할 수 있다면 조금 다

1장 고객에게 선물하는 브랜드 경험

출처 : 파나소닉 루믹스 홈페이지

소비자의 눈과 입을 빌려 루믹스 S의 가치를 전하는 공모전 캠페인 〈마이 루믹스 S 스토리〉

르지 않을까 생각했어요. 가족이나 친구, 지인이 직접 경험한 이야기를 통해 카메라의 스펙이 전할 수 없는 경험을 전달할 수 있다고 생각했거든요. 그걸 가장 잘 담아낼 수 있는 방법이 사진 공모전이라고 생각했고요."

결과는 흥미로웠다. 사람들은 이 공모전을 통해 타인의 삶을 경험한다. 눈 덮인 치유의 숲에서 캠핑의 즐거움을 맛볼 수도 있고, 부산의 회동 수원지 편백나무 숲에서 깨끗한 공기를 마시며 황톳길을 걸을 수도 있다. 해 질 녘 골목길에서 만난 세월의 이야기를 들어보거나, 소백산 눈꽃 산행을 통해 마법 같은 풍경을 목도할 수도 있다. 대관령 발왕산 케이블카를 타고 상고대에 오를 수도 있다. 사람과 자연의 아름다움을 있는 그대로 담아내는 카메라의 위력은 스펙을 넘어선 '경험'으로 소비되기에 이른다. 어쩌면 이것이 파나소닉이 전하고 싶었던 루믹스 S 시리즈의 진정한 가치이자 본질은 아니었을지….

그럼, 사람들은 왜 카메라를 구매하고 사진과 영상을 렌즈에 담는 것일까? 사람들은 어떤 기준과 무슨 이유로 카메라와 렌즈를 선택하고 스펙을 살피는 것일까? 루믹스 S의 사진 공모전 〈마이 루믹스 S 스토리〉는 이런 질문에 화답하는 소비자들의 영감 넘치는 메시지를 만날 수 있는 멋진 프로모션이었다.

쉼과 여유, 기대와 들뜸, 놀라움과 탄성이 가득한 영상들은 시대의 발명품에서 일상의 동반자로 변신에 성공한 카메라의 진정한 가치를 마음껏 웅변한다. 이해할 수도 없는 신기능과 가늠하기도 어려운 스펙의 숫자가 주는 위압감으로부터 소비자를 해방시킨다. 인플루언서들이 미리 제작한 영상들은 이제 막 영상과 사진에 흥미를 느낀 이들을 인도하기에 더할 나위 없는 가이드북이자 매뉴얼이다. 골드넥스는 이런 이야기를 담아낸 '루믹스 S 스토리'를 통해 계속 증가하고 있는 예비, 신입 크리에이터들에게 브랜드 관심도를 끌어올릴 수 있었다. 아울러 일반인들은 이 과정을 통해 유명 크리에이터에게 그 가능성을 심사받는 즐거운 경험을 선물 받을 수 있었다.

출처 : 캠핑한끼, film story 유튜브

루믹스 S 시리즈로 만들어진 크리에이터들의 영상

사람들은 버려진 위판장에 세워진 어느 식당에서 제주의 진정한 삶과 맛을 체험해 볼 수 있었다. 또 루믹스 S가 담아낸 사진과 영상들을 통해 루믹스 브랜드만의 차별화된 경험을 사람들에게 있는 그대로 전달할 수 있었다. 이처럼 지금의 소비자들이 원하는 것은 제품 그 자체를 넘어선 특별한 경험이다. 골드넥스가 기획한 '루믹스 S 스토리'를 주목할 만한 이유가 바로 여기에 있다. 무엇보다 카메라의 본질이 '일상의 특별한 경험'임을 간파한 데서 시작한 프로모션이기 때문이다. 제주도 종달리에 위치한 해녀의 부엌이 특별해진 이유도, 루믹스 S의 공모전이 뜨거운 호응을 얻은 이유도 바로 이 '경험'을 전달할 수 있는 그들 나름의 답을 찾았기 때문이다. 우리는 이들에게서 가장 제주다운 것, 가장 카메라다운 것 그리고 가장 루믹스다운 것의 실체를 본다. 이것이 모든 브랜드가 원하는 진정한 의미의 '브랜딩'이 아니고 또 무엇이겠는가.

2   어떻게 경험하게
           할 것인가?

온라인은 오프라인 공간보다 브랜드 아이덴티티를 형성하는데 있어 소비자의 힘이 강력한 곳이다. 브랜드에 미치는 영향력의 경우 오프라인에서는 기업과 소비자의 권력관계가 7:3이었다면, 온라인에서는 2:8 정도라고 한다. 그만큼 헤게모니가 소비자에게로 넘어간 것이다. 그래서 80%의 주도권을 쥐고 있는 소비자가 특정 브랜드를 어떻게 경험하는가는 바로 그 브랜드의 아이덴티티를 결정하는 중요한 요소가 된다.

이런 상황에서 소비자들은 브랜드가 가진 색깔이 흐려지면 싫어한다. 그래서 브랜드의 힘이 강하지 않다면 최소한 자신의 강점을 지키고 발전시키는 것이 더 중요하다. 이때 오프라인에서의 브랜드 아이덴티티가 무엇인지를 분명히 해야만 온라인에서 그 브랜드 아이덴티티를 표현할 때 혼동이 없다. 그래서 중요한 것이 차별화 요소다.

우리나라 사람들은 일반적으로 남의 일에 관심이 많고 간섭하기를 좋아한다. 타인의 평가를 통해 자아를 형성하는 속성 때문이다. 그래서 다른 사람들이 나를 어떻게 생각하는지를 중요하게 생각한다. 자아가 분명치 않기 때문에 남의 일에도 관심이 많다. 그러다 보니 자연스럽게 다른 사람들의 의견을 바로 들을 수 있는 온라인 커뮤니티에 모이게 된다. 그리고 그 안에서 얻는 타인의 칭찬에 따라 참여에 대한 동기부여가 더욱 높아지는 것이다.

한국후지필름의 마케터는 인플루언서들과 함께 인스탁스의 가치를 공유하고 싶었다. 인스탁스의 핵심적인 가치는 그들만의 고유한 감성을 함께 나누는 경험의 공유이다. 그래서 자사의 제품이 가진 장점을 온라인 채널을 통해 효과적으로 경험하도록 하고 싶었다.

"제품의 체험 후기를 온라인에서 진정성 있게 바이럴할 수 있는 앰버서더를 찾는 일이 중요했어요. MZ세대들과 소통을 활발히 하고 있는 크리에이터들의 감성을 바탕으로 인스탁스의 새로워진 디자인과 기능을 전파하는 거죠. 특히 신제품의 새로운 소구 포인트들을 새롭고 신선하게 전달하고자 시도하는 접근이었어요. 필름 카메라인데도 잔상을 남기는 재밌는 기능들이 있거든요. 그런 기능들을 효과적으로 보여줄 수 있는 인플루언서들을 섭외하는 게 우선이었어요. 저는 특히 우리 제품의 고유한 인간적인 감성을 보여 줄 수 있는 다양한 분야의 크리에이터 분들과 콘텐츠를 기획하고 있어요. 포토그래퍼뿐만 아니라 우리의 라이프스타일에 영감을 주는 일러스트레이터, 푸드스타일리스트, 댄스 크루 등 다양한 분야의 크리에이터들이 저희의 크루가 되어 함께 콘텐츠를 작업하는 거죠."

인스탁스와 같은 필름 사진은 실제로 질감을 만져볼 수 있어야 한다. 지금까지 꾸준히 체험단을 운영해 왔는데, 그들이 일회성에 그치지 않고 끝까지 충성도를 유지하는 게 관건이었다. 그래서 제품의 사용법을 전달하기 위한 클래스를 연다거나 실제 사진작가와 클래스 형태로 발전시켜 가고 싶었다. 하지만 이런 경험이 가능한 오프라인 매장이나 스튜디오는 직영이 아니다 보니 실질적인 고객관리가 어려웠다. 반면 온라인의 구매과정은 모두 트래킹이 되지만 이들을 실제로 오프라인으로 모으는 것은 생각보다 쉽지 않았다. 한국후지필름의 마케터는 오프라인에 대한 숙제가 가장 크다고 했다. 아마도 온오프라인에 걸쳐 있는 브랜드들의 공통된 어려움일 것이다.

"맘 카페와 제휴를 생각하고 있어요. 엄마들이 가볼 만한 행사를 만드는 것이죠. 커뮤니티를 활용해 방문기를 올리게끔 하기도 해요. 라미와 함께 인스탁스로 다이어리 꾸미기 등 대중적인 브랜드와 콜라보를 많이 해왔죠. 저희 제품을 좋아하는 사람들은 또 무엇을 좋아할지를 항상 고민해요. 인스탁스를 통해 새로운 문화를 만들고 싶어요. 팔로어십을 높이고 필름 소비를 높이기 위해서죠."

주말에 할 수 있는 액티비티를 추천하는 주말 사용법도 좋은 반응을 얻은 콘텐츠였다. 또 서점에서 원하는 책을 읽으면서 사진을 찍어 보기도 하고, 출판사와 제휴해 엄마 아빠의 젊은 시절 사랑했던 모습을 찍은 사진을 공모하기도 했다. 이뿐만이 아니었다. 힙스터 친구들이 찾는 카페에 제품을 노출하고 아트워크도 전시했다. '이렇게까지 해볼 수 있어. 너희도 한 번 도전해 봐!' 이런 메시지를 담고 싶었던 것이다. 그리고 이런 이벤트는 자연스럽게 인스탁스를 소비하는 구매자들에 대한 관심으로 이어졌다.

한국후지필름의 마케터는 이런 경험을 바탕으로 또 한 번의 도전을 감행했다. 어떻게 하면 인스탁스가 가진 장점을 디지털 채널을 통해 효과적으로 경험하게 할 수 있을까? 인스탁스는 이를 '스톱모션' 기법을 통해 새로운 언박싱 콘텐츠로 풀어냈다. 유튜브에는 지금도 언박싱 영상들이 넘쳐나지만 하나같이 비슷한 포맷을 하고 내용도 대동소이하다. 그 지점에서 인스탁스는 감성적인 접근을 택했다. 지나치게 새로운 기능을 강조하지 않고, 대세 캐릭터인 '보노보노의 사랑 이야기'를 통해 새로운 제품을 소개하는 스톱모션 동영상으로 신제품을 소개한 것이다.

> "무엇보다 소비자들이 신기해 했어요. 복잡한 기능에 대한 것은 모두 빼고 깔끔하게 핵심적인 기능만 넣은 제품이었거든요. 이를 사랑에 빠진 보노보노 이야기와 콜라보해 스톱모션으로 연출했어요. 언박싱에 이른바 '스토리'를 넣은 셈이죠."

보노보노 캐릭터와 콜라보해 스톱모션 영상으로 풀어낸 인스탁스

같은 사진이라도 인스탁스가 내놓은 결과물은 따뜻한 감성에 가깝다. 숫자와 스펙으로 승부하는 기존의 카메라들과는 완벽히 다른 대척점에 있는 것이다. 여기에 깔끔한 스톱모션 영상과 스토리텔링의 조합이 사람들의 뜨거운 반응을 끌어낸 것은 당연한 결과였다. 이 도전의 성공은 바로 인스탁스가 가진 핵심가치(인간적인 감성)에 부합한 영상이었기에 더욱 차별화될 수 있었다.

디지털 마케팅이 일반화된 지금 시점에선 하나의 브랜드를 결정하는 주도권이 소비자에게 있다. 그러다 보니 모든 디지털 마케터들의 고민과 관심이 '우리의 브랜드를 소비자들이 어떻게 경험하게 할 것인가?'에 쏠리는 것은 어찌 보면 당연한 것이다.

3 차별화된 고객 경험을
제안하라

2015년, 캘러웨이의 디지털 마케터는 보잉사와 기술합작을 통해 개발한 신제품의 국내 출시를 코앞에 두고 있었다. 비행기를 만드는 회사와 골프 클럽을 만드는 회사의 콜라보는 어색할 수 있는 조합이지만, 두 회사 모두 물체가 지나갈 때 공기 저항을 최소화하는 공기의 역할을 연구한다는 공통점을 가지고 있었다. 클럽의 공기 저항을 최소화해 볼의 스피드를 살리기 위한 노력의 일환이었다. 그런데 이 신제품을 한국의 소비자들에게 어떻게 알려야 할지가 가장 큰 고민이었다.

"마침 그때가 그해의 첫 KLPGA 골프대회가 열리는 4월 초였어요. 그래서 제주도행 비행기를 예약하고 캘러웨이 브랜드를 쓰는 40~50명 정도의 선수를 초대했죠. 캐디와 부모님들까지 포함하니 100여 명 정도가 되더군요. 사실 상위 20% 정도의 선수가 아니면 투어생활을 해도 경제적으로 힘든 경우가 많아요. 그래서 그 선수들에게 힘을 주고 싶었어요. 우선 부모님의 격려편지를 미리 받고, 몇몇 부모님은 영상 인터뷰를 준비했죠. 그리고 제주도로 내려가는 비행기에서 사연 있는 친구들의 이야기를 비행기 스크린에 띄웠어요."

무려 두 달간 준비한 이 프로모션은 내외부적으로 좋은 반응을 얻었다. 딱딱한 기술을 이야기하지 않고 그 기술을 활용하는 선수들의 인간적인 면을 부각시킨 결과였다. 프로의 세계에서 살아남기 위해 몸부림치는 선수들에게 가장 필요한 것은 무엇이었을까? 어쩌면 완벽한 골프 클럽보다 사랑하는 가족과 지인의 응원은 아니었을까?

캘러웨이의 하늘 위의 발대식

"몇몇 선수들은 눈물을 보였어요. 그렇게 센치한 감정으로 내리게 할 순 없어서 마무리로 아카펠라 노래 공연을 따로 준비했습니다. 몇 달을 준비해 진행을 했는데 선수들도 좋아하고 내부적으로도 만족도가 높았어요. 다만 예산 부족으로 널리 알리지 못한 게 내내 아쉬움으로 남았습니다."

보랏빛 소야말로 차별화의 상징이다. 소를 차별화하는 가장 쉬운 방법은 소를 보랏빛으로 칠하는 것이다. 일반적으로 소를 차별화하는 방법은 백만 가지가 넘는다. 소가 자라는 지역일 수도 있고, 소들이 먹는 먹이일 수도 있다. 건강한 소를 만들기 위한 운동법일 수도 있고, 소들을 배려해 음악을 들려주는 농부의 마음일 수도 있다. 하지만 여기서 중요한 것은 각각의 브랜드가 가진 아이덴티티를 얼마나 담아내느냐에 있다. 차별화를 위한 차별화는 패착이다. 지속가능하지 않다.

캘러웨이는 자사의 제품을 쓰는 골퍼들이 정말로 필요로 하는 것이 무엇인지를 고민했다. 새로운 제품의 스펙을 나열하는 데 그쳤다면 골퍼들의 마음을 움직이기 힘들었을 것이다. 하지만 캘러웨이는 자신들의 신제품을 알리는 골퍼들의 현실을 깊이 고민했고, 그들이 어떻게 캘러웨이를 '경험'하게 할지에 집중했다. 새로운 제품을 선수들과 대중에게 알리는 주체가 골퍼임을 너무도 잘 알고 있었기 때문이다.

와이즐리는 온라인으로 면도기를 파는 회사다. 캘러웨이와 같은 오프라인 회사와 브랜드를 경험하는 방식이 다를 수밖에 없다. 일단 그들이 사람들의 주목을 끈 것은 다름 아닌 카드뉴스였다. 이 마케팅은 큰 반향을 일으켰다. 소비자들 눈에 와이즐리가 독과점 시장에 도전하는 영웅 같은 이미지가 만들어진 것이다.

> "사람들이 가장 많이 기억하는 내용은 면도날의 원가가 5% 정도에 불과하다는 거였어요. 자신이 속고 살아왔다는 것에 대해 많이 공감했던 거죠. 그래서 와이즐리를 선택했던 겁니다. 저희의 가격 때문에 구매한 게 아니었어요. 저희는 고객들에게 면도기 시장의 문제점을 던지고 해답을 제안하려 했을 뿐이에요. 그 상황에서 새로운 대안을 찾을 때 저희 제품이 보였던 겁니다. 우선 가격이 매력적이어서 구매했는데 가격 이상의 제품 퀄리티와 디자인을 보고 '아, 이거다' 싶은 거였죠."

와이즐리는 시장에서 가격 문제로 이야기를 시작했지만 진정한 차별화 요소는 '고객 경험에 대한 집착'이었다. 와이즐리는 가격을 강조하는 걸 조심스러워 한다. 당장은 8,900원을 강조하면 고객의 행동은 옮길 수 있을지 몰라도 고객의 마음을 움직이는 요소는 아니라고 판단하기 때문이다. 그래서 그들은 절대

공감 가는 주제를 통해 많은 인기를 얻은 와이즐리의 카드뉴스

1장 고객에게 선물하는 브랜드 경험

로 가격을 전면에 내세우지 않는다. 그 대신 제품과 고객 경험에서의 디테일을 굉장히 중요하게 여긴다.

"예를 들어 택배 박스를 보낼 때 송장번호를 반드시 위에 붙이게 끔 해요. 그렇지 않으면 제품이 쏟아질 수도 있거든요. 패키지를 뜯을 때도 브로셔부터 보여줄지, 제품부터 먼저 보게 할지를 고민해요. 이때 만일 브로셔부터 보게 된다면 정보의 내용과 같은 디테일을 신경써야 해요. 이런 작은 노력 하나하나가 모인 게 브랜딩이고, 와이즐리의 가장 큰 차별화라고 생각합니다."

패키징을 통해 브랜드를 강화하는 와이즐리

영감을 주는
마케팅 사이트 추천

1 | DMC REPORT

https://www.dmcreport.co.kr/dashboard

디지털 미디어에 대한 정보를 제공하는 사이트이다. 미디어랩 사가 발간하는 만큼 인터넷·모바일 매체에 대한 깊은 분석과 트렌드가 상세히 소개되고 있다.

2 | 디에디트 the edit

http://the-edit.co.kr/

가전제품 리뷰 및 여행기 등을 유튜브와 웹사이트에 업로드한다. 이곳의 에디터들은 스스로를 '취향을 파는 회사'라고 말한다.

3 | 아웃스탠딩

https://outstanding.kr/

스타트업, 플랫폼, 콘텐츠, 블록체인, 인공지능, 모빌리티, 게임, 투자 등의 이슈를 쉽고 재미있게 풀어준다.

4 | 하입비스트

https://hypebeast.kr/

세계적인 패션과 스트릿웨어 뉴스 웹매거진이다. 최신 뉴스와 정보를 받아볼 수 있다.

5 | ADIC 광고정보센터

https://www.adic.or.kr/index.waple

매체별 최신 광고자료와 광고 메이킹 필름, 해외 광고 등의 영상자료와 광고계의 이슈, 채용정보 등을 알 수 있다.

6 | 슬라이드쉐어

https://www.slideshare.net/

각종 슬라이드를 공유하는 사이트로, PPT 템플릿은 물론 슬라이드 내 각종 통계자료까지 찾을 수 있다.

7 | 삼성경제연구소 및 LG경제연구원

https://www.seri.org/_index_.html

http://www.lgeri.com/index.do

경제, 경영, 정책 등 사회 전반적인 경제 관련 정보를 공유하는 곳으로, 다양한 업계의 현황 분석과 각종 트렌드에 관한 정보를 폭넓게 알 수 있다.

8 | KOTRA 해외시장뉴스

http://news.kotra.or.kr/kotranews/index.do

KOTRA에서 운영하는 해외비즈니스 정보 포털 사이트다. 해외 시장 정보와 수출정보, 국가정보 등 각종 해외비즈니스에 대한 모든 정보가 담겨 있다.

2장

거대한 변화의 파도 앞에서

1   남자의 프사를 바꾸니
새로운 시장이 열렸다

"아빠는 왜 늘 등산복만 입을까? 아빠만의 스타일은 없을까?"

패션 잡지 〈THE NEW GREY〉의 권정현 대표는 사진에 담긴 아빠의 패션을 보고 이런 생각을 했다. 그는 이런 의문을 가지고 20여 명의 중년 아저씨를 무작위로 만났다. 그들의 이미지에 맞는 패션을 제안하고 옷을 입힌 후 사진을 찍고 그들의 이야기를 잡지에 담았다. 반응은 놀라웠다. 겨우 두 시간 남짓한 시간이었지만 패션 스타일 하나로 완전히 다른 사람이 될 수 있다는 놀라운 장면을 목격하고 자신감을 얻었다. 그렇게 찍은 사진을 아빠들의 SNS 프사(프로필 사진)에 올렸다. 가족들을 비롯한 주변 사람들이 먼저 열광했다.

이 프로젝트를 제안한 남성 패션 에이전시 '헬로우젠틀'은 권정현 대표가 사업을 시작한 곳이다. 2014년 문을 연 이곳은 중년 남성을 위한 패션 코디를 제안하고, 중년 패션 리더를 키우는 비즈니스 모델을 가지고 있었다.

헬로우젠틀의 도전은 계속 이어졌다. 2018년 가을, 〈우리 아빠 프사 바꾸기 대작전〉이란 프로젝트를 시작한 것이다. 중년이라면 누구나 참여가 가능했고, '아빠'를 강조해 자녀들이 자발적으로 신청할 수 있도록 유도했다. 패션 스냅과 프로필 촬영을 해주는 'before & after'가 주요한 컨셉이었다. 상·하의, 신발, 재킷을 포함한 옷 세트와 뉴 그레이 화보집을 선물하는 데 드는 비용은 20만 원 정도. 오랜 준비 끝에 선을 보인 이 프로젝트는 펀딩 개시 15분 만에 모집인원 30명이 마감되며, 총 740만 원이 넘는 금액이 모였다. 추가 신청이 이어지며, 2019년에 두 번째 리워드가 진행되었다. 역시 20분 만에 100%를 달성했다. 그저 옷을 바꿔 입었을 뿐인 프로젝트였지만 중년 남자들의 이같은 변신은 인터넷에서 뜨거운 반응을 얻으며 바이럴되기 시작했다. 배 나오고 머리숱 없는 아빠들의 변신에 다양한 스토리가 녹아있었기 때문이다. 가족들을 위해 희생을 마다하지 않은 남자들에게도 '멋'이 필요하다는 사실에 세상이 눈을 뜨기 시작한 것이다.

요즘은 남자들의 화장이 크게 이상하지 않은 세상이 되었다. 1990년대 이후에 태어난 이른바 Z세대들에게 화장은 결코 용기가 필요한 일이 아니다. 유튜브에는 여자들 못지않은 화장 실력을 뽐내는 남자들도 즐비하다. 하지만 아직도 적지 않은 남자들에게 화장은 넘지 못할 장벽 중 하나다. 이것은 중년 남자들에게만 국한된 편견은 아닐 것

소셜-캠페인

우리 아빠 프사 바꾸기 대작전. 뉴 그레이 화보집

스토리　　펀딩 안내　　새소식 5　　커뮤니티 17　　서포터 47

펀딩성공

123 % 달성

7,407,000 원 펀딩

47 명의 서포터

우리 아빠 프사 바꾸기 대작전. 뉴 그레이 화보집 프로젝트는 소중한 서포터들의 펀딩과 응원으로 2018.10.14에 성공적으로 종료되었습니다.

♥ 61　　　💬 문의　　　공유하기

ⓘ 펀딩하기는 쇼핑하기가 아닙니다! 자세히 알아보기

우리 주변 평범한 아저씨를 멋지게 변신시키고, 사진을 찍고, 그의 이야기를 듣습니다.

〈우리 아빠 프사 바꾸기 대작전〉 펀딩 페이지

이다. 만약에 남자들이 모인 곳에서 누군가 화장을 고친다면 이상한 눈초리는 기본이요, 뒤통수를 맞는 불상사가 생길지도 모를 일이다.

　남성 화장품 DTRT는 이와 같은 상황을 광고에 녹여냈다. 립밤을 바르는 남자를 바라보며 주변에 있던 다른 남자들이 핀잔 어린 한마디를 던진다. 그런다고 여자친구가 '짠' 하고 나타나기라도 하냐며 빈정거리던 그들 앞에 미모의 여성이 나타난다. 보습과 발색이 가능한 립밤을 바른 남자에게 여자가 뭐 바르기라도 했냐며 묻는다. 남자는 무심하게 아니라고 답한다. 변화가 필요하지만 남의 눈을 의식하지 않을 수 없는 남자들의 '치트키'로 제품의 필요성을 강조한 것이다. 이 광고는 많은 공감과 호응을 끌어내며 남자 화장의 시작을 시장에 알리고 있었다.

DTRT의 SNS 광고 영상

세상이 달라지고 있다. 소비자들도 함께 달라지고 있다. 예전 같으면 꼼짝도 하지 않을 시장이 움직이고 있다. 〈우리 아빠 프사 바꾸기 대작전〉 프로젝트는 중년 남성 자신뿐만 아니라 가족과 지인들의 편견을 송두리째 바꿔놓았다. 이들의 'before & after' 사진은 공감과 응원을 끌어내며 한동안 SNS를 뜨겁게 달구었다. 이들을 대표하는 사람도 생겨났다. 27년간 순댓국집을 운영하던 64세의 김칠두 할아버지는 뒤늦게 패션모델이 되어 런웨이를 걷는 중이다.

남자들의 변신이 무죄를 넘어 자랑이 되는 시대가 되었다. 왜 이런 변화가 나타나는 것일까? 남자들의 패션, 남자들의 화장은 단순히 '멋'을 부리는 것에서 멈추지 않기 때문이다. 그들에게 용기와 자신감을 주고 자존감을 높여주기 때문이다. 그런 면에서 DTRT의 광고는 이같은 변화의 시작을 알리는 신호탄이었다. 연애를 넘어 자신의 외모에서 자신감을 얻고 싶은 남자들이 찾는 새로운 시장을 열어젖힐지도 모를 일이기 때문이다.

이제 디지털 마케터들도 사람의 마음을 읽어야 한다. 수컷들의 욕망을 읽어야 한다. 어떤 동물이든 수컷이 화려하다는 사실에 주목해야 한다. 이 시장은 이제 겨우 첫발을 떼었을 뿐이다. 어떤 변화를 만들어 낼지는 이제 마케터들의 몫이다.

2 광고 같지 않은 광고, 팬심을 만들어라

    강렬한 브랜드 연상은 소비자의 직접 경험과 관련된 경우가 많다. 이마트는 오프라인 유통업체치고는 이례적으로 '이마터즈'라고 하는 자사의 서포터즈를 엄격한 시험을 통해 두 차례 모집했다. 2018년 3월과 11월에 치러진 이 시험은 세 가지 조건(이마트에 대한 애정, SNS 능숙, 트렌드에 민감)에 충족되는지 알아보기 위해 1차 온라인 필기시험, 2차 실기시험 및 면접을 실시했는데 경쟁률이 무려 213:1이었고, 최종적으로 55명이 합격했다. 문제 유형은 '탕수육은 역사적으로 찍먹인가 부먹인가?'와 같이 조금은 사소하고 쓸데없지만 나름의 중요성을 가진 질문들이었고, 소위 이마트 덕후들만 풀 수 있는 문제들도 제법 있었다. 이마터즈들에게는 자격증, 스페셜 굿즈, 시크릿 베네핏, 내 이름과 함께 매장에 진열되는 이마터즈 PICK 등의 혜택이 주어졌다.

이마터즈가 수행해야 하는 미션은 세 가지였다. 우선 한 달 동안 구입한 쇼핑카트를 공유하고(마이 쇼핑카트), 자신의 안목으로 가장 좋은 제품을 골라 추천하며(이마터즈 PICK), 이마트 덕후 커뮤니티에 참여하는 것이다. 특히 이마터즈 PICK으로 선정된 제품들 중 매월 5~6개를 골라 해당 제품을 추천한 이마터즈의 정보와 함께 전국 매장에서 판매 홍보를 진행했다. 제품에 대해 느끼는 소비자들의 목소리를 수집하여, 또 다른 소비자들에게 마케팅의 도구로 활용한 것이다.

이처럼 기업의 언어가 아닌 우리 주변의 또 다른 소비자의 언어로 표현된 메시지는 더 높은 설득력을 가질 수 있다. 또한 어려운 과정을 통과해서 합격만 만큼 이마터즈가 느끼는 소속감과 자부심은 다른 어떤 서포터즈보다 높기 때문에 진정성 있는 자발적인 바이럴 활동에 적극적으로 참여하게 된다. 덕분에 이마트는 4050세대의 주부들이 주로 찾던 다소 올드해 보이고 심심한 대형마트의 이미지를 극복하고, 젊은 세대들에게 트렌디한 감각을 지닌 새로운 유통 매장이라는 긍정적이

출처 : 이마트 홈페이지

이마트 덕후 커뮤니티, 이마터즈 능력시험 공고와 모의고사 문제

2장 거대한 변화의 파도 앞에서

고 강한 연상을 효과적으로 심어줄 수 있었다.

크록스 역시 소비자들에게 자사의 브랜드를 제대로 알리기 위해 다양한 노력을 하고 있었다. 크록스 매장, 자사몰 및 자사 소셜 채널 이외에 크록스는 Z세대에게 브랜드를 알리기 위해 인플루언서 마케팅을 적극 활용하고 있다.

> "전 세계적으로 인플루언서 마케팅이 크게 성장했습니다. 인플루언서 채널을 통해 저희 슈즈를 자연스럽고 또 스타일리쉬하게 보이게 녹이고 있죠. 하지만 넘쳐나는 인플루언서 광고 속에서 어떻게 하면 좀 더 '진정성' 있는 인플루언서와 소비자들이 '공감'하는 콘텐츠를 생산할지는 끝이 없는 고민입니다."

그렇다면 크록스의 인플루언서 선정 기준은 무엇일까? 우선 마케팅하고자 하는 제품의 커뮤니케이션 방향성을 정한다. 이때 제품의 특수성, 소비자들에게 전달하고자 하는 메시지와 현재 트렌드에 따라 매 시즌마다 방향성이 달라진다. 그리고 방향성이 정해지면 이에 어울리는 콘텐츠 크리에이터와 채널을 함께 고민한다. 크록스는 이렇게 매번 다른 제품을 다른 컨셉을 가지고 콘텐츠 크리에이터의 다양한 채널을 통해 새롭게 접근하고 있다.

> "저희는 인플루언서를 찾을 때 두 가지를 먼저 고려해요. 첫째는 타깃이에요. 크록스가 가진 메시지를 가장 잘 표현할 수 있는 타

깃을 찾는 것이 중요하죠. 그 타깃은 주로 10대와 20대 사이의 친구들인데, 이 친구들이 좋아하는 인플루언서를 찾아야 해요. 둘째는 창의성을 봐요. 크록스를 새롭게 보는 시선이 필요한 거죠. 이를 가장 잘 표현하는 사람은 아무래도 내부 직원보다는 각 카테고리의 인플루언서들이 적합하더라고요. 이렇게 생각지도 못한 조합에서 나오는 결과물은 의외로 폭발적인 경우가 많아요."

출처 : 미니월드 유튜브

창의성이 돋보이는 크리에이터 미니월드와 함께한 콜라보 영상 인트로

3 브랜드가 우선인가? 세일즈가 우선인가?

2018년 여름, 캘러웨이의 마케터는 제주도로 워크숍을 갔다. 비슷한 또래의 회사 사람들과 함께 제주맥주의 공장을 투어했다. 일반적인 워크숍이 아닌, 뭐라도 하나 더 경험하고 배우자는 의도에서 선택한 곳이었다. 그들은 곧 제주맥주의 매력에 흠뻑 빠져들었다. 제주도에서 난 화강암으로 만든 병따개와 제주맥주의 스토리를 담은 엽서도 있었다. 갓 나온 생맥주를 먹어 볼 수 있는 체험공간도 있었다. 하지만 마케터의 시선을 끈 것은 다른 곳에 있었다.

"이 모든 체험과정에 직원들이 참여하고 있다는 점이 새로웠어요. 어떤 직원은 '맥주 마니아 모모 대리와 함께 하는 브루어리 체험'이라는 이름의 프로그램을 직접 진행하고 있더군요. 또 다른 직원은 제주의 트래킹 코스를 직접 안내해 주었어요. 외주를 준 여행사 직원이 안내했다면 훨씬 감흥이 덜했을 거라고 생각해요. 맥주도 이렇게 공들여 만드는데, 직원들 역시 각각의 분야에서 전문가이자 마니아라는 인상을 주기에 충분했죠."

이처럼 디지털 마케터란 직업은 보고 듣는 모든 것에서 아이디어를 얻을 수 있어야 한다. 한국후지필름의 마케터 역시 지역에 배경을 두고 브랜딩을 하는 이니스프리에 큰 매력을 느끼고 있었다. 제주도와 그에 얽힌 스토리가 가진 브랜딩의 힘을 보았기 때문이다. '청정' 하면 제주도가 떠오르는 이미지는 이니스프리와 삼다수가 가진 가장 큰 자산이다. 문제는 이러한 브랜딩에 맞게 세일즈에 대한 고민을 동시에 해야 한다는 것이다.

"이니스프리는 브랜딩에 집중한 콘텐츠로 차별화에 성공했다고 봐요. 제주의 청정함을 강조하면서 이를 제품에 대한 신뢰로 이어갔죠. 네이밍과 스토리텔링 역시 정교하게 연결되어 있어요. 사람들의 인식 속에 '제주' 하면 '이니스프리'라는 강력한 인지의 영역을 만들어 낸 거죠. 일종의 선점효과라고 봐요. 마찬가지로 인스탁스를 만드는 후지필름도 세일즈와 브랜딩 두 마리의 토끼를 모두 잡을 수 있어야 하죠. 하지만 이 두 가지 모두를 가져간다는 게 정말 어렵다는 것도 잘 알고 있어요."

2장 거대한 변화의 파도 앞에서

물론 세일즈 업을 위한 콘텐츠와 브랜디드 콘텐츠를 분리하는 것을 고민해 본 적도 있었다. 그러나 투입해야 하는 자원이 만만치 않았다. 두 콘텐츠 모두 장단점이 있기에 계정은 따로 만들어둔 상태라고 했다. 하지만 채널을 많이 가져갈 수는 없다고 했다. 계정 하나에 모든 역량을 담아내는 게 최선임을 알고 있기 때문이다. 특히 지금은 무엇보다 채널의 목적이 분명해야 했다.

올리브영은 2019년 브랜드 아이덴티티를 정립하는 과정을 거쳤다. 그리고 지금은 이에 맞춰 남다르게 파는 것이 무엇인가에 대한 고민을 꾸준히 하고 있다. 왜냐하면 올리브영에서 파는 제품이 다른 곳에서도 팔리고 있기 때문이다. 결국 올리브영 매장 안에서의 경험이 브랜딩과 매출을 좌우한다는 것을 분명히 느낄 수 있었다. 즉, 음악이든, 사용하는 색상의 스펙트럼이든, 고객에게 말을 건네는 방법 그 자체이든, 쇼핑한 물건을 담을 때 어디에 어떻게 담게 하느냐이든, 그런 모든 작은 작은 경험들의 합이 결국 '올리브영다움'을 완성한다는 거였다.

"저희는 브랜드 가치를 '건강한 아름다움'으로 잡았어요. 그리고 이에 맞춰 모든 활동을 고객의 건강함과 아름다움을 더욱 북돋아 줄 수 있도록 설계했어요. 직원들이 지금도 다이어리의 첫 장에 올리브영의 브랜드 가치와 미션을 프린트해 붙이고 다닐 정도에요. 삶의 방식에 있어서 조금이라도 더 건강하고 아름답게 살 수

▪ 올리브영 브랜드 포지셔닝 변화

구분	변경 전	변경 후
비즈니스 정의	트렌드 리딩 쇼퍼의 놀이터	건강한 아름다움을 큐레이팅 하는 곳
브랜드 미션	차별화된 H&B 상품으로 새로운 쇼핑 가치를 창출하고 고객의 라이프스타일을 선도합니다	고객 스스로 일상을 건강하고 아름답게 가꿀 수 있도록 에너지와 영감을 줍니다
브랜드 가치	아름다움, 트렌드, 가성비	건강한 아름다움, 일상 속의 새로움

있게 도와주는 브랜드가 바로 올리브영이라고 생각하기 때문이죠. 저희 매장은 구매하지 않더라도 구경하는 재미로 오시는 손님들이 적지 않아요. 그런 아이쇼핑마저도 소중하게 생각할 뿐 아니라, 그런 순간들이 일상 속에서 맛볼 수 있는 기쁨이라는 가치로 전달되기를 간절히 바라고 있어요."

세일즈 업에 대한 유혹은 독이 든 사과와 같다. 효과가 즉각적인 만큼 치러야 할 대가도 분명히 있다. 어느 유명 코스메틱 브랜드는 반값 할인 행사를 알리며 자신의 브랜드를 실검(실시간 급상승검색어) 상위권에 올렸다. 이후 이를 SNS 등 자사 채널에서 다시 알리는 방식으로 이슈를 이어갔다. 예를 들어 이런 식이다. 이 브랜드는 자사의 페이스북 계정에 'OOO이 실검에 뜬 이유는?'이란 질문과 함께 카드뉴스를 비롯한 관련 영상을 게시하며 광고를 집행했다. 해당 카드뉴스와 영상에서는 이 브랜드가 실검 순위에 오른 이미지와 해당 내용이 도배된 뉴스들, 사람들이 꽉찬 매장 이미지, 세일 날짜 등을 빠르게 보여주었다. 궁금한 이용자들이 알아서 포털에 가서 해당 브랜드를 검색하도록 만든 구조다.

보통 이런 실검 활용 홍보법은 중소업체에서 포털의 대중성에 기대어 브랜드 인지도를 높이기 위해 종종 이용하는 방법이다. 파격 할인 이벤트로 포털 실검에 오르내리고, 실검에 오른 자체로 다시 화제가 되는 순환고리를 만드는 것이다. 그런데 온라인 쇼핑몰 등 중소브랜드에서 자주 활용하던 '실검 마케팅'을 어느 정도 이름 있는 브랜드가 직접 진행을 하는 건 드문 일이었다.

특히 이런 세일즈 업을 위한 마케팅 활동은 자칫 브랜드 이미지를 희생하는 대가를 치를 수도 있었다. 브랜드 고유의 천연 원료에 대한 고집, 자유로운 매장 진열과 독특한 네이밍, 향기를 통해 브랜드 경험을 강조하던 이들의 고유한 브랜딩은 무리한 세일즈 업 마케팅 앞에서 길을 잃을 수도 있다. 물론 이는 옳고 그름의 문제가 아니다. 이 브랜드는 단기적인 매출 향상이 필요해 이같은 이벤트를 진행했을 것이다. 하지만 한 번 이런 이벤트를 경험한 고객들이 이후에도 제값을 주고 제품을 구매할지에 대한 고민은 해봐야 한다. 아마도 이것은 디지털 마케터에게 남겨진 영원한 과제일 것이다.

한국후지필름의 마케터는 이런 고민을 다음과 같이 말하고 있었다.

"콘텐츠를 기획할 때 구매 전환을 직접적으로 일으키고자 한다면 카피나 이미지 사용까지 모든 것이 완전히 달라져야 해요. 특히 성수기인 여름이나 겨울에는 세일즈 업을 위한 콘텐츠를 고민할 수밖에 없어요. 그래서 자극적인 문구나 할인율을 강조하는 카피들을 쓰게 되죠. 새로운 제품인지 성숙기 제품인지도 콘텐츠의 성격에 지대한 영향을 미치게 돼요. 인지도를 높이는 것이 중요한지, 세일즈 업이 더 필요한지를 결정짓는 중요한 요소가 되니까요."

마케터를 위한
리서치 사이트

1 | 한국학술정보 KISS

http://kiss.kstudy.com/

국내 최초로 학술정보 검색시스템을 운영한 사이트로, 방대한 양의 논문, 학회지, 해외 학술지 등을 제공한다. 제휴를 맺은 대학의 학생은 무료로 이용이 가능하다.

2 | 네이버 전문정보

https://academic.naver.com/

국내외 학술 저널, 논문, 특허 및 통계 정보, 국가기록물 등을 제공한다.

3 | IT통계포털 IT STAT

http://www.itstat.go.kr/

ICT 및 SW 분야 데이터, 통계 간행물, 통계 뉴스 및 주요 지표를 제공한다.

4 | 랭키닷컴

http://www.rankey.com

웹사이트 분석평가서비스로, 트래픽 분석, 사이트 순위 및 자료를 제공한다.

5 | 정보통신산업진흥원 NIPA

https://www.nipa.kr/

정보통신기술에 대한 주간·월간 산업동향, 산업별 이슈분석 보고서를 제공하고 정기적으로 매거진을 발간한다.

6 | 정보통신기획평가원 IITP

https://www.iitp.kr/

ICT 동향 정보, 정책 및 통계자료, 국내외 산업동향 등의 정보를 제공한다.

7 | 한국인터넷진흥원 KISA

https://www.kisa.or.kr/

국내 인터넷 관련 업무를 총괄하는 기관으로, 관련 법령, 국내외 인터넷·정보보호에 대한 자료를 제공한다.

8 | 한국방송광고진흥공사

https://www.kobaco.co.kr/

시청률, 공익광고 및 연구자료, 광고산업 통계자료 등을 제공한다.

9 | Creative Ad Awards

http://www.creativeadawards.com/

해외의 다양한 광고를 분야별로 나누어 볼 수 있다.

10 | TVCF

https://www.tvcf.co.kr/

국내외 지면 및 영상광고 자료, 컨슈머 리포트, 소비자가 뽑은 베스트 광고 등을 볼 수 있다.

11 | 인터브랜드코리아

https://www.interbrand.com/kr/

전 세계 브랜드의 가치를 조사하는 기업 '인터브랜드Interbrand'의 한국 지사로, 매년 베스트 글로벌 브랜드와 베스트 한국 브랜드 순위를 발표한다.

12 | 아이보스

https://www.i-boss.co.kr/

온라인 마케팅 포털로, 다양한 분야의 마케터들과 소통하며 마케팅에 관한 정보와 각종 마케팅 교육에 관한 정보를 얻을 수 있다.

13 | KT경제경영연구소DIGIECO

https://www.digieco.co.kr/

연구보고서, IT 동향, 포럼 등의 정보를 제공한다. 또한 '타 기관 리포트' 메뉴를 통해 국내 연구기관 및 정책기관의 최신 보고서를 한눈에 볼 수 있다.

3장

새로운 시대의
디지털 마케팅

1 퍼포먼스 없이는 브랜딩도 불가능하다

모다아울렛은 2002년에 대구에서 설립된 패션 아울렛 매장으로, 오프라인을 기반으로 한 유통기업이다. 온라인 마케팅은 거의 시도조차 하지 않았던 회사였다. 이 회사는 9호점을 내면서부터 파워 블로그, 맘 카페 등을 통해 온라인과 오프라인 매장을 연계할 수 있는 다양한 마케팅을 고민했다. 모다아울렛의 마케터는 2015년 입사 후, 온라인 마케팅을 해보라는 미션을 받았다. 그는 대학교 때 공모전 등의 경험을 바탕으로 첫 온라인 이벤트를 했다고 한다. 페이스북 페이지에 이미지를 직접 만들어 올리고 '좋아요'를 누르면 몇 명을 추첨해 커피 쿠폰을 나누어 주는 이벤트를 한 것이다. 하지만 결과는 처참했다. 정말 경품 수만큼만 응모자 수가 모인 것이다.

"모다아울렛의 앱 오픈을 맞이하여 오픈 이벤트로 250만 원짜리 구찌 가방을 77,777원에 한 분을 추첨해 드리는 이벤트를 한 적이 있어요. 앱 오픈 이벤트이기 때문에 광고비도 꽤 많이 태웠죠. 무신사 급의 응모 인원을 기대했는데, 18,000명 정도밖에 응모를 안하더군요. 최소 2~3만 명 정도는 기대했었는데…. 왜냐하면 무신사 같은 경우 7만, 8만은 그냥 찍고 12만까지도 참여하는 걸 봤으니까요. 그런데 안 되더라고요. 당시 핫하다는 여러 광고를 했었는데도 안 되더군요."

이후 모다아울렛의 마케터가 생각한 채널은 '맘 카페'였다. 다양한 맘 카페를 찾아 올라오는 글을 분석했다. 특히 이벤트와 관련된 글을 분석하며 얻은 인사이트는 엄마들은 '실질적인 정보'에 주로 관심을 보인다는 거였다. 그래서 직접 이벤트 글도 주기적으로 올려보고 댓글도 다는 작업의 과정을 거쳤다. 그는 이 과정을 통해 온라인 마케팅의 노하우를 하나둘 쌓기 시작했고, 담당자가 직접 경험해 보며 관심을 가지면 결과가 달라진다는 것을 알게 되었다. 특히 맘 카페의 경우 어떤 퀄리티의 글을 올리냐에 따라 고객과 프로모션의 흥행도가 달라졌다. 이처럼 최근에 유행하지 않는 플랫폼이라도 다시 한번 우리가 가진 상품이나 서비스에 맞는 타깃을 찾고 그 타깃들이 주로 방문하는 채널을 찾아야 할 필요가 있다.

모다아울렛의 마케터는 이렇게 맨땅에 헤딩을 하며 신규고객을 한 명 한 명 늘려나갔다. 그는 이러한 경험이 돌이켜 보면 우스웠지만 고객의 소중함을 알게 된 좋은 계기가 되었다고 말했다.

> "제대로 된 브랜드를 만들려면 투자와 인내가 필요해요. 아무나 할 수 없는 거죠. 디지털은 휘발성이 강하니 오프라인도 고려해야 해요. 젠틀 몬스터가 좋은 사례죠. 팝업 매장에서의 다양한 감각이 디지털을 통해 회자되었으니까요. 이런 게 브랜딩 전략의 살아 있는 사례가 아닐까 싶어요. 하지만 마케터는 '매출이 인격'이라는 말을 결코 잊어선 안 됩니다. 어떤 화장품 관련 스토어에서는 때수건을 함께 팔더군요. 화장품은 잘 안 팔리는데 때수건은 매출이 나니 병행하는 겁니다. 매출이 없이는 브랜딩도 불가능해요. 이 두 가지 가치 사이에서 마케터는 언제나 아슬아슬한 줄타기를 해야만 합니다."

마케터는 '시장'이라는 최전선에서 백병전을 담당한다고 할 수 있다. 반면 브랜드는 거시적인 차원에서 전략을 세우는 작업을 한다. 둘을 분리해서 생각할 수 없는 이유가 여기에 있지 않을까? 흥미로운 콘텐츠를 만드는 것도 중요하지만, 그 콘텐츠를 소비하는 고객들을 이해하고 그에 맞는 전략을 세우는 일 역시 그에 못지않게 중요하다.

하지만 퍼포먼스 마케팅에도 분명한 한계가 있다. 신규고객은 시간이 갈수록 유입이 줄어들기 때문에 자연스럽게 한 명을 획득하는 비용이 자꾸 비싸지는 것이다. 그런데 예산은 한정되어 있다 보니 고민이 시작된다. 여기서 와이즐리의 마케터는 이런 의문이 들었다고 했다. 퍼포먼스로 획득하는 고객들은 우리 브랜드를 잘 알고 구매하는 것일까? 그냥 저렴한 면도기를 구매하는 것과 브랜드를 제대로 알고 구매하는 것 사이에는 엄청난 차이가 있는 것은 아닐까?

> "농담 삼아 화성에서 온 브랜드 마케터, 금성에서 온 퍼포먼스 마케터란 얘기를 많이 해요. 가장 큰 차이는 목표의 차이예요. 퍼포먼스 마케터는 당장의 획득비용에 기여를 못하면 집행을 안해요. 하지만 브랜드 마케터는 그렇게 의사결정을 할 수 없어요. 예를 들어 TV 광고를 했을 때, 그 광고비 중에서 획득에 기여한 금액을 정확하게 알 수 없거든요. 게다가 브랜드 쪽은 한 번 지출을 하면 회수가 안 돼요. 금액도 크고요. 하지만 퍼포먼스 쪽은 이거 효율에 비해 비싸다 하면 바로 끊을 수 있죠. 이 유연성의 차이가 굉장히 큰 거죠."

기본적으로 퍼포먼스는 브랜딩이라는 가이드가 먼저 있어야 한다. 그게 없으면 모든 메뉴를 다 취급하는 김밥천국이 되어버릴 수 있다. 그래서 '우리는 왜 존재하는가?' 이 질문에 답할 수 있는 마케터가 되어야 한다. 퍼포먼스 마케터의 역할은 여전히 중요하다. 속된 말로 콘크리트 층을 만든다고 한다. 퍼포먼스 마케팅은 일종의 혈액과 같은 존재다. 사람도 피가 계속 돌아야 건강한 것처럼 말이다. 그래야 딴짓을 할 여유가 생기고, 브랜딩에 투자할 수 있는 역량이 갖춰지는 것이다. 그래서 브랜딩 팀, 퍼포먼스 팀과의 협업이 더욱 중요한 것이다.

"기존의 브랜드들이 '면도기를 파는 회사'였다면 와이즐리는 단순 제조·판매를 넘어 '기존의 면도 습관을 건강한 습관으로 바꾸는 회사'라고 얘기하고 있어요. 혹 소비자들이 기억하지 못한다 해도 자동으로 배송해서 불편함이 없게 해주는 거죠. 면도를 할 때 생기는 피부의 손상을 케어해 주기 위해 애프터 쉐이브와 쉐이빙 젤을 만들었고요. 시장조사를 통해 나온 불합리한 가격이나 페인 포인트들에 맞춰 합리적인 제품군을 계속 만들어가는 것이 목표에요. 또한 정기배송이 주요한 경쟁력이기 때문에 이 배송주기에 맞춰 주문할 수 있는 상품군을 늘려가는 것도 광장히 중요하고요."

와이즐리는 면도기를 팔지 않았다. 단순한 기능을 넘어 습관을 관리해 주는 회사로 포지셔닝하기를 원했다. 그 점이 가격으로 승부하는 저가 면도기 업체들 사이에서 확실한 차별화를 가능케 했다. 그리고 그 과정에는 치밀한 시장조사가 함께 병행되었다. 단순히 제품의 이미지를 포장해서 알리는 것을 브랜딩이라 생각하지 않았다. 이런 든든한 배경 때문에 그들의 브랜딩은 더욱 효과적일 수 있었다. 사람들이 왜 면도기를 쓰는지, 어떤 불편함을 느껴 면도기를 구매하는지에 대한 근본적인 질문을 던질 여유를 만들 수 있었다. 와이즐리는 이렇게 각각의 다른 목적을 가진 브랜드 마케터와 퍼포먼스 마케터 간의 조화로운 협업을 통해 '남다른' 브랜드로 거듭날 수 있었다.

2 세일즈 업을 넘어,
브랜드 경험으로

특히 규모가 작은 브랜드일수록 마케팅 비용에 대한 고민은 더 커질 수밖에 없다. 다양한 매체에 쓸 수 있는 돈이 많지 않기 때문이다. 저비용으로 효과적인 마케팅을 하기 위한 고민은 때로 극단적인 소재를 활용하거나 병맛 광고를 만들어 내기도 한다. 핸드폰을 믹서기에 가는 퍼포먼스로 믹서기를 광고하는 것과 같은 파격적인 영상이 등장하는 것도 바로 이런 이유 때문이다.

하지만 인스탁스처럼 사람들과의 공감과 감성적 접근이 필요한 경우는 이런 방법이 쉽지는 않다. 팔리는 콘텐츠와 브랜드의 아이덴티티에 어울리는 광고 사이에는 적지 않은 거리가 있기 때문이다. 특히 인스탁스의 경우 필름 사진이라 직접 질감을 만져보게 하는 것이 중요했다. 체험단을 모집하더라도 제품을 전달하는 데서 끝나지 않고 충성도 있는 고객들과 클래스를 연다거나 실제 사진작가들과 수업을 진행하는 등의 다양한 노력을 기울이는 이유이기도 하다. 또 인스탁스로 찍은 사진으로 다이어리 꾸미기를 좋아하는 사람들은 펜과 책을 좋아하지 않을까? 이런 고민들이 라미와 같은 펜 브랜드나 출판사와의 협업을 실행하게 만들기도 했다.

"주말 사용법이라는 주제로 주말에 할 수 있는 액티비티를 찾았어요. 출판사와 제휴해 부모님들이 서로 사랑했던 과거의 모습들을 담은 사진을 공모하기도 하고, 관련 책의 출판기념 행사 때는 복원된 사진을 소개하는 전시회를 열기도 했죠. 특정한 주제의 책을 읽으면서 함께 찍은 사진을 모아 이벤트를 개최하기도 했어요. 인스탁스만의 색깔을 유지하면서 사람들의 참여를 끌어내다 보면 자연스럽게 매출로 이어질 것이라고 기대했기 때문이에요."

출처 : 한국후지필름 인스타그램

인스탁스와 라미가 콜라보로 진행한 한정세트

그렇다면 이런 고민들을 글로벌 브랜드들은 어떤 방식으로 해결하고 있을까? 사실 세일즈와 브랜드 이미지라는 두 마리 토끼를 잡는데 성공한 브랜드 사례를 찾는 것은 그리 어려운 일이 아니다. 그러나 이때 중요한 것은 바로 명확한 브랜드 아이덴티티다. 자신만의 선명한 컬러가 없는 브랜드들은 지속가능한 매출을 일으키는 것도 불가능하기 때문이다.

2018년, '라코스테'는 자연과 야생동물을 보호하기 위해 세계자연보전연맹IUCN의 활동을 지원하기로 결정했다. 3년 간의 파트너십 계약을 통해 지원을 약속한 것이다. 그리고 멸종 위기 동물을 알리기 위한 라코스테의 #SaveOurSpecies 캠페인이 시작되었다.

이때 라코스테는 85년 전통을 자랑하는 악어 로고를 교체하기로 전격 결정했다. 멸종 위기에 놓인 10여 종의 동물 로고를 악어 대신 사용하기로 한 것이다. 악어 대신 물망에 오른 동물들은 10여 종으로, 그 후보군은 캘리포니아 돌고래, 미얀마 민물거북, 마다가스카르 여우원숭이, 인도네시아 코뿔소, 베트남 긴팔원숭이, 뉴질랜드 앵무새 등이다.

라코스테는 1,775장의 한정판 셔츠를 멸종 위기 동물의 수만큼 제작하기로 했다. 캘리포니아 돌고래 티셔츠는 30장, 인도네시아 자바 코뿔소 티셔츠는 67장, 사올라는 250장만 생산하는 방식이다. 결과는 기대 이상이었다. 이 셔츠들은 180달러(약 19만 원)라는 꽤 높은 가격에도 불구하고 전 세계의 디지털 플래그십 매장을 통해 모두 판매되었다.

마케팅의 영역에서 가장 중요한 것은 제품과 서비스가 가진 본질적인 가치를 이해하는 것이다. 단순히 세상에 없던 새로운 아이디어

라코스테 #SaveOurSpecies 캠페인

를 생각해 내는 것만이 마케터의 역할은 아니다. 하나의 브랜드가 세상에 존재하는 이유는 고객의 문제를 해결해 주고 그들의 숨은 욕구를 해소해 주기 때문이다. 이러한 마케팅의 본질을 이해하는 마케터만이 그 브랜드만의 기발하고 독창적인 아이디어를 생각해 낼 수 있다. 인스탁스의 본질은 소비자들에게 편리함과 즐거움을 전달하는 것이고, 라코스떼는 자신의 로고(상징)를 확장함으로써 환경보호의 중요성을 강조하는 가치소비의 영역으로 한 발 더 나아갈 수 있었다.

3   디지털 마케팅의
한계를 넘는 방법

올리브영 담당자는 어느 날 우연히 네이버의 지식인 서비스에 달린 질문을 보고 깜짝 놀랐다. '올리브영에 갈 때는 화장을 하고 가야 하느냐'는 질문이었다. 지금 같으면 상상도 할 수 없는 질문이지만 예전엔 그럴 수 있었다. 백화점만 해도 꾸미고 가야 무시를 당하지 않는 시대가 있었기 때문이다. 당시만 해도 동네 화장품 가게는 전형적인 풍경을 가지고 있었다. 주인 아주머니가 카운터 뒤에 앉아있었고, 어떤 제품도 써보거나 색조차 비교해 볼 수 없는 분위기였다. 하지만 지금의 올리브영은 어떤 제품이건 마음대로 다 이용해 볼 수 있다. 어쩌면 장바구니에 담는 행위 자체가 굉장히 새로운 시도이기도 했다. 그 전에는 없던 경험이고, 심지어 장바구니 사이즈조차 처음 보는 크기였다.

"내가 사고 싶은 것을 내 마음대로 다 써보고 사는 것, 그리고 구매를 하면 어떤 혜택까지 더 주는 것, 그리고 한 자리에서 다양한 브랜드를 한 번에 다 비교해 볼 수 있다는 것이 고객들이 올리브영을 찾는 가장 큰 이유가 아닐까 싶어요. 아무리 온라인으로 화장품을 많이 사는 세상이라 해도, 결국 화장품은 자기랑 맞는 것을 확인해야 하니까요. 그렇게 확인을 할 수 있는 곳이 올리브영이 아닐까 생각합니다. 요즘은 젊은 남성들도 혼자 와서 제품을 구매하곤 해요. 예전에는 엄마나 여자친구가 사다 주었을지 모르지만 지금은 아니죠."

올리브영의 경우 매장 수만 해도 전국에 1,200개가 넘는다. 그렇다면 고객과의 접점에 있는 수많은 직원들이 어떻게 행동하는지가 결국에는 올리브영의 매출로 곧장 연결이 되고, 브랜드 이미지를 만들어 낸다. 그런 이유로 모든 직원들이 행동하는 것에 대한 합의점이 필요했다. 그래서 고객을 응대할 때 어떠한 브랜드 성격을 담아 소통해야 하는지를 전파할 필요가 있었다. 특히 요즘 고객들은 변화 없는 매장에 금방 싫증을 느끼다 보니 브랜드 아이덴티티 정립을 위해 직원들과의 인터뷰를 엄청나게 많이 했다. 오랫동안 근무하신 분들부터 전국의 매장에 있는 분들까지 다양하게 소통을 하며 단어 하나하나까지 합의하며 만들어 낸 것이 바로 올리브영의 브랜드 가치와 성격이다.

"이러한 브랜드 가치와 성격은 매장에서 근무하시는 분이라면 고객을 대할 때 그 태도로 나타날 수 있을 거예요. 마케터라면 광고 카피 하나를 쓸 때도 좀 더 생기있는 말로 표현할 수 있겠죠? 모든 조직원들이 공통으로 올리브영이 어떤 브랜드인지 공감하는 것이 중요하다고 생각했어요. 올 때마다 뭔가가 바뀌어 있고, 좀 더 새롭지만 공통되고 일관된 올리브영만의 차별점을 줄 수 있는 그런 곳 말이죠. 그런 게 아마도 올리브영다움이 아닐까요?"

단기적인 판매 목표와 장기적인 브랜딩, 이 둘 사이에서 고민하는 브랜드를 만나는 것은 그리 어렵지 않았다. 최근 열린 브랜딩 컨퍼런스에서 '야놀자' 역시 이런 고민을 끊임없이 하고 있음을 책임자의 강연을 통해 확인할 수 있었다. 야놀자는 국내 최고의 아이돌 댄스 전문가를 통해 '초특가 야놀자'라는 CM 송과 춤을 만들어 광고로 내보냈다. 이 광고는 끊임없는 노출로 이어져 엄청난 히트를 기록했다.

그러나 내부적으로는 다른 생각도 있었던 모양이다. 과연 야놀자다운가, 초특가 이야기를 TV CF로 하는 것이 맞는가에 대한 의문이었다. 결국 야놀자는 '야놀자다움'에서 그 답을 찾았다. 최저의 비용으로 CF를 제작한 것이다. 동네 놀이터를 배경으로 수영장 씬을 찍고, 세탁기를 활용해 잠수함 관광 씬을 찍는 식이었다. 초특가를 알리면서도 '야놀자스러움'을 지키려는 노력을 담은 이 광고는 그 컨셉을 지키기 위해 디지털 광고로만 노출되고 있다고 했다.

초특가라는 컨셉에 맞춰 '야놀자스러움'을 보여주는 광고 촬영 장면

한국후지필름의 마케터도 비슷한 이유로 에어비앤비를 주목하고 있다고 했다.

"에어비앤비의 '살아보고서'는 좀 더 에어비앤비다운 캠페인이 아니었나 싶어요. '그래, 여행은 살아보는 거지'라는 생각이 들었어요. SNS로 홍보를 많이 하고 책을 만들기도 하더군요. 과연 에어비앤비답다는 생각이 절로 들었어요."

브랜딩은 마케터들의 궁극적인 로망이다. 하지만 대부분의 회사들은 매출을 일으켜야 생존이 가능하다. 천만 원으로 브랜드 소개 영상을 만들 수도 있다. 하지만 같은 비용으로 만 명이 앱을 설치하게 하는 방법도 있다. 이 경우 대부분의 회사는 현실적인 선택을 할 수밖에 없다.

다만 디지털 마케팅은 분명한 한계가 있기 마련이다. 초기에는 효과적일지 몰라도 광고와 홍보를 위한 광고단가는 반드시 올라가게 되어 있다. 그런 시기에 한계를 돌파하기 위한 수단으로 브랜드가 중요해지는 것이다. 안정적인 사용자를 확보한 회사들이 브랜딩에 관심을 가지는 시점이 바로 이 시점이다. 회사의 목표가 가입자가 아닌, 잠재 고객에게 메시지를 던질 때가 브랜딩이 필요한 시점이라고 이해하는 것이다.

> "브랜딩은 브랜드를 브랜드화시키는 것입니다. 마케팅은 말 그대로 제품과 서비스를 시장화시키는 것이죠. 브랜드는 사용자들에게 그 제품과 서비스가 어떻게 인지되는지에 대한 앞단의 역할을 합니다. 하지만 마케팅의 영역은 조금 더 전략적이고 정말 치열하기 마련이에요. 일종의 땅따먹기 싸움이죠. 마케팅비용을 전쟁터의 병사로 가정을 한다면, 마케터의 역할은 병사를 최대한 잃지 않는 수준에서 최대한 많은 땅을 확보하는 일을 해야 합니다. 그렇다면 콘텐츠를 잘 만드는 것 이상의 무엇이 필요해집니다. 흥미 이상의 무엇이 있어야 해요. 이제 디지털 마케팅은 업종을 넘나드는 전쟁터가 되었으니까요."

<u>4</u> 신뢰와 진정성의 브랜딩

면도기 브랜드 와이즐리의 가장 큰 차별화 요소는 무엇일까? 바로 고객 경험에 대한 집착이다. 와이즐리는 가격을 전면에 내세우지 않는다. 오히려 조심한다. 면도날 4개 8,900원을 강조하면 당장은 판매에 도움이 될지 몰라도 장기적으로는 단순히 가격만 매력적인 면도기로 포지셔닝되는 게 위험하다고 판단하기 때문이다. 그래서 와이즐리는 가격만 내세우지 않았다.

"와이즐리는 매력적인 가격을 가진 브랜드에요. 하지만 가격만 내세우면 대체제가 너무 많아요. 도루코도 사실 비싼 면도기가 아니고, 쉬크도 질레트에 비하면 싼 편이죠. 게다가 경쟁사의 구독모델도 한두 개 정도가 더 있는데다 이마트에서도 싼 면도기가 나왔죠. 만일 가격 때문만이라면 굳이 저희 제품을 선택할 이유는 없는 거죠."

올리브영도 차별화를 고민하고 있다. 올리브영이 처음 생겼을 때만 해도 국내에 없던 형태의 매장이었다. 그래서 특별히 알리지 않아도 사람들은 굉장히 다른 차별적인 경험과 이미지를 가지고 올리브영을 바라보았다. 하지만 지금은 아니다. 이제 유동인구가 많은 지역에 가보면 유사한 형태의 매장이 많이 보일 정도로 차별화는 더욱더 어려워지고 있다.

"올리브영이 처음 생겨났을 때는 국내에 없던 형태의 리테일러였어요. 드러그 스토어라던지 H&B라는 것 자체가 존재하지 않았죠. 그런데 지금은 다른 유사한 매장들이 많이 생기다 보니 정말 차별점을 어디에 두고 갈지가 정말 어렵더라고요. 왜냐하면 우리 쪽에서 파는 제품이 다른 곳에서도 팔고 있을 가능성이 굉장히 높잖아요. 결국은 우리가 매장 안에서 틀고 있는 배경음악, 사용하는 색상, 고객에게 말을 건네는 방법, 물건을 담을 때 어디에 어떻게 담게 하느냐 하는 등의 작은 경험들의 합이 결국 올리브영다움을 완성한다고 생각해요."

출처 : 올리브영 홈페이지

올리브영다움을 보여주는 올리브영의 브랜드 아이덴티티

BC카드의 마케터 역시 오프라인 기반의 프로모션을 기획해 실행
에 옮긴 적이 있었다. 그는 극장 광고, 페이스북, 유튜브, 네이버, 브랜
딩을 위한 콘서트까지 다양한 디지털 마케팅을 기획하고 실행해 본 경
험이 있었다. 그는 BC카드에서 처음 소셜미디어 업무를 시작했고, 이
후 페이스북과 유튜브 같은 소셜미디어를 오랫동안 운영해 왔다. 그
러던 중 전사 전략파트로 이동해 큰 틀에서 사업 전체를 바라보는 경
험을 할 수 있었다. 하지만 현장과 떨어져 매일매일 보고서를 쓰는 반
복적인 업무에 지쳐 디지털 마케팅 부서로 다시 자리를 옮겨 'BC 스트
리트 박스'를 기획했다.

버스킹 밴드 10팀을 섭외해 거리에서 공연을 하고 관객들이 즉석
에서 포터블 기기(BC 스트리트 박스)에 신용카드를 터치하면 기부가 되

3장 새로운 시대의 디지털 마케팅

도록 한 것이다. 공연과 기부 문화를 동시에 경험할 수 있는 공익적 캠페인이었다.

하지만 주변 부서의 저항이 만만치 않았다. 당장의 수익과 연결되지 않는 프로모션에 수십억 원의 비용을 집행하는 이유를 이해하지 못한 것이다. 어떻게 효과를 체감할 수 있느냐는 항의성 물음이 끊이지 않았다. 그러던 중 보도자료를 본 JTBC에서 새로운 프로그램에 'BC 스트리트 박스'를 활용하고 싶다며 제안을 해왔다. 이를 계기로 한 푼의 협찬료 없이 18회에 걸쳐 스트리트 박스를 통해 브랜딩 캠페인의 홍보가 자연스럽게 이루어졌다. 이뿐만 아니었다. 이 캠페인으로 인해 디지털 광고제를 비롯해 사회적 캠페인 수상, 부산 광고제 수상 등의 쾌거가 뒤를 이었다. 디지털에 기반한 기술과 버스킹과 같은 청년 문화를 연결해 BC카드의 브랜드 이미지를 바꿔보려는 노력의 결과였다.

JTBC 〈말하는 대로〉에 협찬한 BC 스트리트 박스

출처 : JTBC 〈말하는대로〉 방송 캡처

"마케팅은 한마디로 '가치'를 교환하는 과정을 말해요. 이에 비해 브랜딩은 제품과 서비스의 이미지와 아이덴티티 간의 갭을 줄여가는 일련의 과정을 말하죠. 브랜딩이 마케팅보다 장기적이고 전략적인 과정이라고 생각해요. 그런데 많은 디지털 마케터들이 SNS를 하면서 어떤 가치를 얻어야 할지를 고민하지 않고 일하는 모습을 자주 봐요. 인스타그램과 페이스북은 어떻게 다른지, 거기서 얻을 수 있는 가치는 어떻게 다른지, 그것이 마케팅과 브랜딩에 어떤 도움이 되는지를 고민할 수 있어야 해요."

그는 '청하'의 디지털 마케팅 사례를 높이 평가하고 있었다. 청하는 아저씨 느낌이 강한 브랜드였지만 지금은 주요 소비층이 젊은 층으로 완전히 바뀌었다. 이러한 변화는 청하의 디지털 마케팅이 매우 효과적이었기 때문에 가능한 일이었다. 특히 인스타그램 등을 활용한 소셜 채널의 운영은 주목할 만했다.

"물론 대행사의 센스와 실력이 뛰어난 것이 가장 큰 이유라고 하더군요. 하지만 클라이언트가 에이전시를 전적으로 신뢰하고 있다는 점도 매우 중요하다고 생각해요. 청하의 콘텐츠를 보면 이슈가 생길 때마다 거의 실시간으로 업데이트되고 있어요. 컨펌 과정이 최소화되어 있다는 말이죠. 제 경험으로 미루어 보면 예산의 크기보다 중요한 건 바로 대행사와 클라이언트 간의 신뢰관계가 아닐까 생각해요."

술자리에서 선배와의 대화처럼 공감 가는 주제로 젊은 팬을 구축한 청하 인스타그램

성공한 기업들의
SNS 리스트

1 | 빙그레

인스타그램의 변신은 어디까지일까를 생각하게 만드는 계정이다. 빙
그레는 MZ세대의 눈높이에 맞게 인스타그램 전략을 완전히 새롭게
구성했다. '빙그레나라'라는 세계관을 구성하여 '빙그레우스 더 마시
스'라는 SNS용 화자를 선보이며 인스타그램을 운영하고 있다. 빙그레
가 이러한 파격적인 컨셉을 내놓은 이유는 2가지이다. 첫째는 50년이
넘은 올드한 브랜드 이미지를 벗어나기 위해서이고, 두 번째로는 MZ
세대와의 적극적인 소통이 그 이유이다. 이러한 노력의 결과로 빙그
레 인스타그램의 팔로워는 2개월 만에 10만 명을 넘어섰다.

2 | 이니스프리

자연의 청정함을 컨셉으로 내세우며 인스타그램에 '녹색'과 '제주도'와 관련된 이미지를 꾸준히 업로드하고 있다. 'Share Green'이라는 녹색과 관련된 생활풍경 또는 아이템 사진을 공유하는 이벤트를 진행했는데, #innisgreen이라는 해시태그를 단 퀄리티 높은 사진들이 많이 올라오며 SNS 이용자들의 눈길을 끌고 있다. 무엇보다도 기존 컨셉을 유지하며 이벤트를 진행한 것이 가장 큰 특징이다.

이니스프리의 초록을 강조한 #innisgreen 이벤트

3 | 한국후지필름

한국후지필름은 월별 이슈와 컨셉에 맞춰 소비자와 소통하려는 시도를 꾸준히 하고 있다. 그중에는 '소소하지만 소중한 일상을 나만의 작품'으로 만드는 컨셉의 '소소일작'이라는 캠페인 콘텐츠를 매월 발행하고 있다. 또 크리에이터와 함께 작품을 만들면서 소비자에게 올바른 사진문화를 전달하는 등 소비자와 함께하는 인스타그램 채널을 운영하고 있다.

크리에이터와 함께 매달 키트를 제작하는 '소소일작' 캠페인

4 | 꼬뜨게랑

꼬뜨게랑 인스타그램은 빙그레에서 출시한 꽃게랑 브랜드를 컨셉화하여 만든 계정이다. 꼬뜨게랑은 꽃게랑을 프랑스식으로 표현한 것으로, 꽃게랑의 모양을 로고화해 만든 새로운 패션 브랜드이자 '부캐'(부차적인 캐릭터)다. 인스타그램의 성공과 함께 다양한 굿즈를 만들어 내며 폭발적인 반응을 얻고 있다.

부캐 아이디어를 직접 모집하며 소비자와 소통하는 꼬뜨게랑

5 | 더클럽 홈플러스

창고형 온라인 마트인 '홈플러스 더클럽'에서 만든 인스타그램 계정으로, 계정을 들어가면 놀라운 패턴에 눈을 떼지 못한다. 그리고 각 게시물을 클릭하면 감탄을 금치 못하는 카피를 만나게 된다. 가히 카피의 끝판왕이라고 할 수 있다.

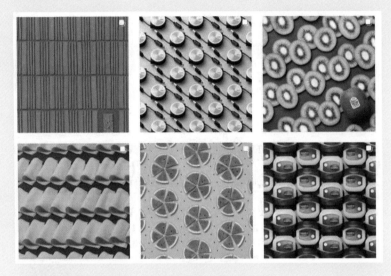

판매하는 제품으로 화려한 이미지와 카피를 보여주는 더클럽 홈플러스 인스타그램

6 | KB국민카드

KB국민카드는 유튜브 채널을 활발하게 운영하고 있다. 2020년에는 'Easy All' 컨셉에 맞춰 콘텐츠 운영방안을 설정했다. 대표적으로는 장도연의 홈스테이지(Home Stay Easy)와 KB Digital Complication(EASY SOUND) 등이 있다.

Easy All 컨셉에 맞춰 콘텐츠를 만든 KB 국민카드 유튜브

7 | BMW 공식 딜러 도이치 모터스

BMW의 공식 딜러사인 도이치 모터스 유튜브는 브랜디드 콘텐츠를 제작하는데 참고할 만한 계정이다. 도이치 모터스 직원들과의 콘텐츠, 셀럽들과의 콜라보 콘텐츠 등 다양한 시리즈를 지속적으로 보여주며 차량에 관심이 많은 소비자와의 소통을 지속적으로 이어오고 있다.

차에 대한 궁금증을 연예인, 전문가와 협업하여 재미와 유익을 한 번에 잡은 도이치 모터스 유튜브

부록

REDP Insight

Read the Unseen

Extend by Concept

Define Brand Strategy

Create your Positioning

Read the Unseen
보이지 않는 트렌드를 읽어라

　'트렌드'라는 말에는 소비자들이 모여드는 곳, 소비자들이 지갑을 여는 곳이라는 의미가 포함되어 있다. 유행이나 패션, 패드fad, 웨이브, 쏠림, 인싸 등으로 바꿔 불러도 큰 무리가 없다. 다만 아쉽게도 이 단어들은 트렌드가 왜 등장하는지에 대한 본질적인 이유를 설명하지 못한다. 그저 벌어지고 있는 현상을 있는 그대로 설명할 뿐이다. 그래서 우리는 눈에 보이는 트렌드 그 자체보다 그 속에 숨겨진 트렌드 발상의 이유를 살펴봐야 한다.

　그렇다면 트렌드 전문가들은 그 숨겨진 이유를 무엇으로 설명하고 있을까? 그들은 '위기, 결핍, 변화, 단절, 사회적 욕구' 등의 단어로 트렌드 발상의 원인을 설명하고 있다. 우리의 삶에 결핍을 만들고, 그것이 만들어 내는 사회적 욕구가 집단적으로 나타나는 것이 바로 '트렌드'라는 것이다.

"소비자는 자신이 원하는 것이 무엇인지 모른다. 따라서 소비자조사를 통해서는 소비자가 원하는 것을 찾을 수 없다."

애플의 경영자였던 스티브 잡스가 했던 말이다. 이 말처럼 마케터는 시장조사 과정에서 나온 소비자조사 결과들을 맹신하는 실수를 범해선 안 된다. 지인이나 친구, 가족, 주변 사람들의 솔직담백한 의견을 무작정 따라서도 안 된다. 자신의 생각과 일치하는 일부 소비자들의 불평을 정답처럼 믿어서도 안 된다. 오랜 회의를 통해 어렵사리 도출된, 다수가 동의하는 제안에 따른 정답은 더더욱 조심해야 한다. 그렇다면 올바른 시장조사를 위한 방법에는 어떤 것들이 있을까?

첫 번째 방법은 일상의 아주 작은 변화에 주목하는 것이다. 스마트폰의 기록적인 판매량은 과연 우리의 일상에 어떤 변화를 만들어 냈을까? 이제 사람들은 자신의 스마트폰을 이용해 자유롭게 인터넷을 활용할 수 있게 되었다. 지하철을 타면 예전처럼 신문을 보거나 책을 보는 사람은 더 이상 찾아보기 힘들다. DMB 방송과 지하철 무가지 신문은 이미 사라져 버린 지 오래다. 스마트폰의 등장이 몇몇 시장을 흔적도 없이 사라지게 한 것이다. 시장조사는 이처럼 작은 점(사건)에서 전체(큰 그림)의 변화를 통찰할 수 있는 능력이 전제되어야 한다. 이를 위해 필요한 것은 시장의 변화를 끌어낼 소소한 변화들을 놓치지 않고 지켜볼 수 있는 세심한 관찰력이다.

두 번째 방법은 커다란 사회적 변화를 놓치지 않는 것이다. 예를 들어 전반적인 도시화가 진행되면서 아파트가 생겨나고 여성들이 직장에 나가기 시작했다. 이와 더불어 새로운 문제들이 생겨났다. 그중 하나가 한국인들의 식탁에 반드시 올라가는 김치로 인한 불편이다. 김치는 항아리에 담아 어딘가에 묻어야 하는데 그럴 땅이 없는 아파트에서는 어떻게 해야 할까? 냉장고는 항아리의 대체품이 되지 못했다. 이때 이러한 불만과 욕구에 초점을 맞춘 김치냉장고 '딤채'와 포장용 '종갓집 김치'는 우리가 미처 몰랐던 전혀 새로운 시장을 만들어 낼 수 있었다.

마지막으로 다양한 사회 문화 현상들의 상관관계를 따져보는 것이다. 수많은 시계와 카메라 브랜드는 왜 사라졌을까? 동네 빵집은 왜 점점 늘어나는 것일까? 간편식 시장은 왜 시간이 갈수록 점점 커지는 것일까? 이런 변화는 스마트폰 시장의 확대와 1인 가구의 증가 등 여러 가지 복합적인 상황이 맞물려 돌아가면서 빚어지는 변화들이다. 밀레니얼 세대의 특성을 이해하지 못하면 왜 그토록 많은 뉴트로 트렌드가 각광을 받는지 이해하기 힘들다. 라디오를 경험하지 못한 세대들이 '스푼'과 같은 오디오 라이브 방송의 등장에 열광하는 이유는 더더욱 알기 어려울 것이다.

현명한 마케터는 이렇게 작용과 반작용이 일어나는 시장의 구조를 살필 줄 알아야 한다. 그러나 오늘날 대부분의 시장조사는 경쟁 관점에서 매출이나 시장점유율 순위에만 관심을 가지고 진행된다. 또 한

편으로는 근거나 출처가 불명확한 외국의 트렌드만 따르고 있다. 이러한 편협한 시장조사와 불명확한 트렌드에 의존하게 되면 결과가 나오더라도 현장에서 제대로 사용할 수 없는 반쪽 지식으로 전락하고 만다. 진정한 시장조사는 위의 세 가지 방법을 통해 보이지 않는 시장을 제대로 분석해야만 의미있는 결과를 도출할 수 있다.

Extend by Concept
컨셉을 중심으로 확장하라

'와이너리'라는 마을이 있다. 이 마을의 주민들은 대부분 나이가 지긋한 어르신들이다. 그런데 이분들은 아침에 일어나자마자 와인을 마신다. 새참용 막걸리 역시 와인이 대신한다. 전을 부쳐도 와인과 함께 먹는다.

물론 이 내용은 실제가 아니라 이마트에서 집행한 광고의 일부이다. 하지만 컨셉은 명확하다. 와인을 일상 속으로 깊숙이 끌어들였다는 것이다. 좀 사는 집의 고상한 취향으로서의 와인이 아니라 할아버지 할머니까지 쉽게 마실 수 있는 국민의 술로 포지셔닝하기 위한 광고다. 그리고 이 광고의 배경에는 명확한 이마트만의 컨셉이 있다. 그저 싼 가격의 제품이 아니라, 평범한 사람들도 쉽게 접근할 수 있는 합리적인 가격을 갖춘 '일상의 제품'이라는 점을 강조하고 있다.

그런데 우리가 흔히 말하는 '컨셉'이란 도대체 무엇일까? '컨셉이 있다'와 '컨셉이 없다'라고 말할 수 있는 분명한 차이는 어디서 오는 것일까? 컨셉의 어원을 찾아보면 '모두가 공감하는 것을 (함께) 잡다 혹은 취하다'라는 뜻임을 알 수 있다. 즉, 우리말로 '컨셉 좀 잡아 봐'라는 말을 직역하면 '모두가 공감하는 것을 잡아 봐' 정도로 해석할 수 있는 것이다. 기업의 여러 활동을 목적에 맞게, '원하는 방향(미션, 비전, 전략 등)에 맞추어 기업과 소비자 모두가 공감할 수 있는 핵심을 담은 것' 정도가 될 것이다.

하지만 컨셉이라는 것이 추상적이다 보니 막상 작업을 하다 보면 막막해진다. '컨셉휠'은 이렇게 정리되지 않아 산발적으로 흩어진 컨셉을 하나로 묶기 위해 만들어졌다. 브랜드의 전략과 실질적인 전술의 가이드라인을 제시하고, 궁극적으로는 소비자가 느껴야 할 브랜드의 구체적인 요소들을 정리할 수 있도록 개발된 것이다. 복잡한 현상과 목표를 단순화시켜 브랜드 구축을 위한 모든 마케팅 활동을 한 곳에 집중시키고, 여러 가지 아이디어가 나왔을 때 브랜드 아이덴티티와 일치되도록 돕는 도구가 컨셉휠이다. 또한 여러 개의 상징과 개념을 소비자 편익으로 만들어야 하는 마케터들에게는 브랜드 포지셔닝 맵을 만들기 위한 도구로 사용되기도 한다. 그 외에 아이디어 도출과 전개, 마케팅 전략과 브랜드 아이덴티티의 관계, 브랜드 안에서 이루어지는 다양한 행위들의 통합, 브랜드 메시지의 집중과 확장 등 그 쓰임새는 수십여 가지가 넘는다.

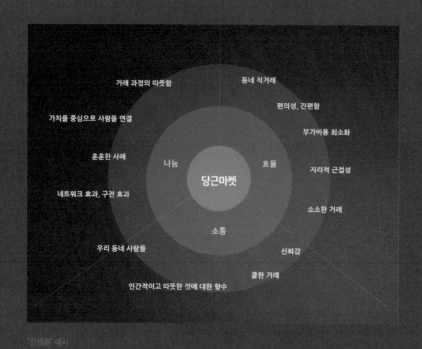

거래 과정의 따뜻함
동네 직거래
편의성, 간편함
가치를 중심으로 사람을 연결
부가비용 최소화
훈훈한 사례
나눔
효율
지리적 근접성
당근마켓
네트워크 효과, 구전 효과
소소한 거래
소통
우리 동네 사람들
신뢰감
쿨한 거래
인간적이고 따뜻한 것에 대한 향수

'컨셉휠' 예시

　　앞서 설명한 바와 같이 이마트의 컨셉은 '일상의 동반자'다. 이러한 컨셉에 따라 칼퇴근 후 혼술을 즐기는 이들을 위해 '나 혼자 어묵탕'을 제안한다. 무조건 성공하는 연말 홈파티 초간단 레시피를 제시한다. TV에 소개된 양미리 조림의 레시피를 알려준다. 식은 붕어빵과 호빵을 기적처럼 되살리는 방법을 소개한다. 이 모두가 일상의 동반자인 이마트가 가진 컨셉을 명확히 이해했기 때문에 나온 콘텐츠들이다. 이마트가 찾고자 한 것은 세상에 없던 아이디어가 아니다. 브랜드의 컨셉을 정확히 표현할 수 있는 아주 구체적이고도 실제적인 활용법인 것이다.

Define Brand Strategy
브랜드 전략을 정의하라

나이키는 '운동화'를 팔지 않는다. '승리'를 판다.

스타벅스는 '커피'를 팔지 않는다. '확장된 거실'을 제공한다.

루이비통은 '패션 아이템'을 팔지 않는다. '파리의 생활예술'을 판다.

같은 이유로 인스탁스는 단순히 '카메라'를 팔아선 안 된다. 사진을 찍고 인화하는 과정의 '즐거운 경험'을 팔아야 한다.

캘러웨이는 단순히 성능이 좋은 '골프 클럽'을 파는 것에 그쳐서는 안 된다. 어렵고 힘든 투어 경기의 '동반자'가 되어야 한다.

이것이 바로 마케팅과 구분되는 브랜드 전략이다.

그렇다면 마케팅 전략과 브랜드 전략은 무엇이 다를까?

마케팅 전략은 항상 경쟁자와 시장 상황을 염두에 두고 기획을 한다. 반면 브랜드 전략은 (경쟁 관점보다는) 브랜드의 철학과 컨셉을 더 중요시 여긴다. 그래서 경쟁자가 있다면 바로 자신, 그것도 어제의 자신이다. 지속적으로 '자기다워지는 방법'을 전략화하는 것, 그것이 브랜드 전략이다.

이를 좀 더 명확히 이해하기 위해서는 먼저 브랜드가 무엇인지 아는 것이 순서다. 브랜드의 핵심적인 역할은 차별화다. 여기서 문제는 '어떻게 구별될 것인가'이다. 과거에는 가격과 품질이 중요한 구분점이었지만 쉽게 모방상품을 만들 수 있는 요즘에는 효력이 없다. 이런 경쟁상황에서 브랜드는 또 다른 구분점을 필요로 하게 되었고, 결과적으로 '자기다움'을 통한 '남과 다름'을 그 기준점으로 삼게 되었다. 한마디로 브랜드의 궁극적인 목표는 '대체될 수 없음'에 있다. 따라서 마케팅 전략과 혼용되어 사용되던 브랜드 전략의 선명한 정의는 바로 '자기다워지는 방법'을 고안해 내는 것이다.

하지만 마케터들은 브랜드 전략을 고민하기에 앞서 항상 매출의 압박을 받는다. 매출이 인격인 것이다. 그리고 과거에는 그 방법이 상대적으로 쉬운 편이었다. 1년에 한두 편의 광고를 찍는 것으로 한 해의 마케팅을 다했다고 하던 시대가 있었다. 하지만 지금은 다르다. 특히 디지털 마케팅은 시장의 최전선에서 백병전을 치러야 한다. 브랜드가 필요한 이유가 여기에 있다. 야놀자가 굳이 '초특가' 방식으로 B급 광고를 찍는 이유이다. 에이비앤비가 '살아보고서'라는 프로모션을 하는 이유도 크게 다르지 않다. 자사의 핵심가치를 바탕으로 저마다에게 맞는 마케팅과 브랜딩의 솔루션을 찾아야만 한다. 이 시대의 디지털 마케터에게 필요한 역량이 바로 '자기다워지는' 것이기 때문이다.

예를 들어 올리브영을 다른 H&B 매장들과 다르다고 느끼는 세대는 주로 올리브영밖에 없었던 시절을 겪은 세대들이었다. 반면 요즘 세대들은 이미 어린 시절부터 롭스나 랄라블라와 같은 브랜드를 모두 경험했다. 이들이 특별한 차이를 느끼지 못하는 것은 당연했다. 자연스럽게 차별화를 위한 브랜드 경험이 중요해지기 시작했다. 인테리어와 같은 매장 안의 분위기 혹은 매장 안에서 틀어주는 음악을 통해 무의식 속의 경험까지 고려해야 하는 것이다.

단순히 콘텐츠를 잘 만드는 것으로는 충분치 않다. 제주맥주를 만드는 직원들은 투어의 과정에 소비자와 함께함으로써 소비자들에게 그들만의 독특한 가치를 전달하고 있다. 이니스프리가 소비자들에게 전하고자 하는 것 역시 제주의 청정함이다. 하지만 제주맥주와 이니스프리가 제주다움을 표현하고 전달하는 방법은 각각 달라야 한다. 자사 브랜드의 핵심가치에 대한 이해가 중요한 것은 바로 이 때문이다. 같은 '제주'라 해도 제주맥주의 '제주'와 이니스프리의 '제주'는 다를 수밖에 없다. 그 다름을 이해하고 소비자들에게 그 남다름을 선명하게 제시하는 것, 그것이 바로 우리 디지털 마케터들이 해야만 하는 일이다.

Create your Positioning
상황에 맞는 포지셔닝을 창조하라

스와치는 시계가 아니라 개성이 넘치는 패션 도구이다. 크록스는 신발이 아니라 자기표현을 위한 패션 아이템이다. 크록스는 수많은 일상의 신발 중 하나로 선택받기를 원하지 않았다. 지비츠를 통해 적극적으로 자신의 개성을 표출하기 원하는 인플루언서들의 잇템이 되기를 원했다.

《다섯 가지 성장 코드》의 공저자인 안드레아스 부흐홀츠, 볼프람 뵈르데만은 새로운 시장의 규칙을 만들어 이전의 법칙을 따르는 경쟁을 무의미하게 만드는 '게임 체인징 이노베이션'을 제안했다. 이들은 체스판 안에서 자신의 브랜드를 포지셔닝시킬 것이 아니라, 체스판 밖에서 새로운 룰을 만드는 전략을 세워야 한다고 말한다. 이를 원하는 브랜드는 다음 4가지 방법으로 시장의 룰을 바꿀 수 있다.

첫째, 시장을 재편한다

시장의 지형을 바꿔주는 것이다. 물리적인 시장의 영역을 바꾸는 게 아니다. 개념적으로 새로운 시장을 만듦으로써 잠재적으로 가장 위협적인 경쟁상대로부터 해방될 수 있다. 레드불은 기존 소프트 드링크 시장의 대형 경쟁자들과 싸우는 대신 '에너지 드링크'라는 새로운 시장을 만들어 자신을 차별화시킴과 동시에 경쟁에서 자유로워졌다.

둘째, 경쟁상황을 재편한다

현존하는 시장에서 경쟁자의 역할을 재조정하는 방법이다. 전 미식축구 스타 O. J. 심슨은 전 부인과 그의 남자친구를 살해한 혐의로 기소되어 불리한 상황에 있었다. 이 사건은 분명 '화가 난 전 남편 vs. 연약한 여성 피해자'의 구도였다. 그런데 심슨의 변호사들이 '인종차별주의적 형사 vs. 흑인 피의자'의 사건으로 변호를 시작했다. 사건의 담당 형사가 흑인인 심슨을 nigger(검둥이)로 부르곤 했기 때문이다. 인종 문제가 불거지는 바람에 심슨은 대부분이 흑인이었던 배심원들로부터 무죄를 선고받을 수 있었다. 모두가 작게 여겨지는 문제(치정살인)보다 더 큰 문제(인종차별과 박해)를 바라보게 함으로써 재판장에서 심슨이 동정받게 한 것이다. 이렇게 자신이 처한 상황을 다르게 보게 하는 방법은 시장에서도 동일하게 사용될 수 있다.

셋째, 제품의 오리지널 아이디어를 바꾼다

시장이 포화상태를 넘어 더 이상 성장하지 못하게 되었을 때 그 제품의 'Original Idea'를 바꿈으로써 새로운 시장으로 거듭나게 하는 방법이다. 대표적인 예가 시계 브랜드 스와치다. 이들은 '정확한 시간을 알려 주는 물건'에서 '패션 아이템'으로 시계의 Original Idea를 조정하여 시계의 필요성이 점점 떨어지는 환경에서 시장은 물론 브랜드를 다시 회생시켰다.

넷째, 제품의 측정기준을 바꾼다

제품이나 서비스의 좋고 나쁨, 선호도를 측정하는 기준 자체를 바꾸는 방법이다. 대표적으로 드비어스가 저렴한 다이아몬드들이 시장에 등장하자 좋은 다이아몬드를 측정하는 기준을 4Cs로 재설정하여 시장을 선도한 사례가 있다. 자신의 강점이 시장에서 좋게 평가받을 만한 새로운 기준을 제시하여 업계에 각인시키면 자연히 경쟁우위를 점할 수 있다.

이처럼 '게임 체인징 이노베이션'은 1) 어떤 브랜드이건 성장의 기회를 만들 수 있고, 2) 해당 브랜드로 하여금 경쟁에 있어 주도권을 잡는 위치에 서게 하며, 3) 결국 경쟁자들과의 의미 없는 가격경쟁이나 그들의 공격으로부터 자유로워질 수 있다는 장점이 있다. 위의 4가지 룰을 참고한다면 스와치나 크록스처럼 시장의 경쟁에서 한 발 비껴나 자신만의 고유한 브랜드 아이덴티티로 시장을 선점하고 지배할 수 있다. 물론 각각의 실행방법은 그 브랜드의 고유한 차별화 요소에서 시작되어야 한다.

에필로그

모두가 9시 뉴스를 기다리던 시절이 있었다. 전 국민의 절반 이상이 같은 드라마를 보며 울고 웃던 시대였다. 아이들은 똑같은 노래를 배우고 똑같은 율동을 따라 하던 시절이었다. 하지만 이제 세상이 달라졌다. 다양한 디지털 디바이스와 소셜미디어 채널이 등장하면서 우리는 지금까지와는 전혀 다른 방식으로 콘텐츠를 소비하는 중이다. 같은 밥상머리에서도 아빠는 UFC 영상을 보고, 엄마는 넷플릭스 드라마를 본다. 아들은 유튜브 게임 방송을 보고, 딸은 아이돌의 춤을 보며 따라 한다. 하지만 이 모든 변화 뒤에는 한 가지 공통점이 있다. 정보의 주체가 생산자에게서 소비자에게로 완벽히 옮겨왔다는 점이다.

지금의 디지털 시대는 소비자들이 주체임을 잊지 말아야 한다. 소비자들이 정보와 콘텐츠를 생산하고, 이를 다시 소비한다. 이 과정에서 마케터들의 역할 역시 달라질 수밖에 없다. TV와 라디오, 잡지 등 전통적인 매체를 통한 광고의 시대는 이제 막을 내리고 있다. 그 빈자리를 이제 디지털 마케터들이 채우고 있다. 그럼, 이제 우리는 무엇을 해야 할까? 어떻게 해야 이 변화 속에서 살아남을 수 있을까? 어떤 역량을 갖추어야 시장과 소비자를 이해하고 그들의 마음을 사로잡을 수 있을까?

우리는 이 의문을 풀기 위해 현업에서 일하는 10여 명에 가까운 디지털 마케터를 직접 만났다. 현장에서 벌어지는 다양한 디지털 마케팅 사례를 통해 이 시대의 변화를 들어보고자 했다. 성과는 있었다. 마케팅의 본질은 예나 지금이나 다르지 않았다. 소비자들의 니즈를 이해하고 그에 맞는 제품과 서비스를 제공하는 마케팅의 핵심은 변하지 않았다. 하지만 방법 면에서는 많은 변화가 있었다. 광고와 정보를 생산하고 소비하는 모든 과정의 중심에 소비자들이 있었다. 따라서 디지털 마케터들은 과거와 다른 방식으로 소비자를 이해하고 설득할 수 있어야 한다. 때로는 생산의 주체로서, 때로는 소비의 주체로서의 소비자를 다양한 방식으로 만나야 한다. 디지털 마케팅의 어려움이 바로 여기에 있다.

디지털 마케팅의 핵심은 정량적인 측정이 가능하다는 것이다. 누가 어디서 무엇을 구매했는지, 그 구매자의 성향은 무엇인지, 그 제품과 서비스를 이용한 소비자가 다른 어떤 물건을 구매했는지도 정확히 측정할 수 있다. 하지만 정량적인 평가로 얻은 결과물은 차별화가 어렵다는 한계가 있다. 내가 아는 이 방법을 그 누군가도 알고 있다. 마케팅 비용도 증가하고 있다. 이제 아무도 오거닉한 광고 효과를 페이스북에서 기대하지 않는다. 인플루언서들을 활용한 마케팅도 한계에

부닥치고 있다. 그렇다 보니 이제 다시 제품과 서비스가 가진 차별화된 경쟁력이 다시 절실해지고 있다.

브랜딩은 이러한 일련의 차별화된 경쟁력을 소비자들과 소통하는 과정을 말한다. 우리 제품이 아니면, 우리 서비스가 아니면 안 되는 이유를 제시할 수 있어야 한다. 우리가 이 책에서 말하는 브랜딩이란 그것을 발견하고 전파하는 과정이다. 제품과 서비스가 가진 '핵심가치'를 선명하게 제시하고, 이를 소비자들에게 설득하는 과정이다. 디지털 마케터는 이 모든 것을 이해하고 학습해야 한다. 실천하고 경험해야 한다. 성과로 만들어야 한다. 콘텐츠와 퍼포먼스 마케팅이라는 전혀 다른 두 개의 무기를 동시에 들고 적재적소에 휘두를 수 있는 양손잡이가 될 수 있어야 한다.

우리는 현장에서 이를 고민하고 실천하는 마케터들을 만났다. 적지 않은 사례를 통해 앞서 말한 브랜딩이 가능하다는 사실도 알 수 있었다. 하지만 모든 디지털 마케터들에게 주어지는 하나의 해법이란 있을 수 없다. 차별화란 원래 그런 것이다. 따라서 마케팅과 브랜딩의 본질에 대한 이해는 모든 디지털 마케터들의 핵심역량이 되어야 한다. 그래야만 각기 다른 상황에서도 최고의 콘텐츠와 퍼포먼스를 만들어 낼 수 있다.

이 시대의 마케터들은 당장의 매출과 장기적인 브랜딩 사이의 줄타기를 이어가야 한다. 그것은 피할 수 없는 숙명이다. 그렇다면 즐겨야 한다. 부디 이 책이 그 고된 여정에 조금이라도 힘이 될 수 있기를,

차별화된 성과와 보람으로 이어지기를, 디지털 마케팅의 새로운 지평을 여는 계기가 되기를 진심으로 응원하는 바이다.

참 고 자 료

글로시에와 마몽드의 서로 다른 SNS 운영전략, ㅍㅍㅅㅅ, 2019.03.06.

남자들의 프사를 바꿔보자, DTRT와 헬로우젠틀, 소셜마케팅코리아, 2020.04.22.

덕후를 찾으려거든 덕후의 방식으로! 이마터즈 능력시험, DIGITAL iNSIGHT, 2018.05.10.

'라떼' 세대와 다르다! 밀레니얼 세대 이해하기, 소셜마케팅코리아, 2020.04.10.

라코스테, '악어 로고 대신 멸종위기 동물 담았다', UPI뉴스, 2019.05.22.

러쉬의 '실검 마케팅', 득일까 실일까, The PR, 2019.02.08.

리브랜딩의 성공 사례와 실패 사례, 설아, 네이버 블로그, 2019.01.11.

버버리는 디지털트랜스포메이션으로 어떻게 턴어라운드 했나?, 디지털이니셔티브그룹, 2017.03.08.

브랜드의 새로운 컨셉 다지기, '맥심 도슨트'의 컨셉 마케팅, 소셜마케팅코리아, 2020.02.26.

"아마쥬가 먼디?" 아마존에서 대박난 '메이드 인 영주' 호미, 조선일보, 2019.02.17.

아재 이미지 벗어나 1020세대 취향 저격 성공해 제2전성기 맞은 휠라, 인터비즈, 2018.09.28.

재미있고 기발하게, 편슈머, 플레이디, 2019.04.04.

제주, 이니스프리, 인스타그램, 소셜마케팅코리아, 2019.12.28.

지코와 우유 속에, '챌린지 마케팅'의 시작, 소셜마케팅코리아, 2020.02.12.

크리에이터와 소비자가 만드는 '루믹스 S 스토리' 캠페인, 소셜마케팅코리아, 2020.03.25.

틈새를 노리는 세포마켓 시장! 유니크한 전략가구 '언커먼하우스', 소셜마케팅코리아, 2020.05.27.

피부를 위한 건강한 고집, 호주 코스메틱 '이솝', 이데일리, 2017.12.21.

Glossier CEO Emily Weiss, 유튜브, 2020.09.18.

차이를 만들어 내는 마케터들의 이야기

디지털 마케터로 일하고 있습니다

초판 1쇄 발행 · 2020년 9월 10일
초판 4쇄 발행 · 2022년 4월 20일

지은이 · 레드펭귄
펴낸이 · 백광옥
펴낸곳 · 천그루숲
등 록 · 2016년 8월 24일 제25100-2016-000049호

주소 · (06990) 서울시 동작구 동작대로29길 119
전화 · 0507-1418-0784 | **팩스** · 050-4022-0784
이메일 ilove784@gmail.com | **카카오톡** · 천그루숲

홍보/마케팅 백지수
인쇄 예림인쇄 | **제책** 예림바인딩

ISBN 979-11-88348-75-6 (13320) 종이책
ISBN 979-11-88348-76-3 (15320) 전자책

이 도서의 국립중앙도서관 출판예정도서목록(CIP)은 서지정보유통지원시스템 홈페이지(http://seoji.nl.go.kr)와
국가자료종합목록 구축시스템(http://kolis-net.nl.go.kr)에서 이용하실 수 있습니다.(CIP제어번호 : CIP2020035431)